미래에서 만나요!
채사장

2022. 4.

채사장의 지대넓얕

03 폭력의 시대

글 채사장

책읽기를 좋아하는 평범한 사람이었던 채사장 작가님은 사람들과 지식을 나누는 대화를 하는 게 가장 재미있었어요. 이런 재미와 기쁨을 전하기 위해 팟캐스트 방송을 시작하면서 널리 알려졌죠. 2014년에 쓴 책 《지적 대화를 위한 넓고 얕은 지식》이 밀리언셀러에 오르며 인문학 도서 신기록을 달성했어요. 이후에도 다양한 책을 써서 독자들과 소통하고 있고, 강연을 통해 많은 사람들과 지식의 즐거움을 나누고 있습니다.

글 마케마케

오랫동안 그림책 작가와 어린이 책 편집자로 일하며 재미있는 이야기의 힘을 믿어 왔어요. 채사장님의 《지적 대화를 위한 넓고 얕은 지식》을 독자로 접하고 인문학이 삶을 바꿀 수 있다는 것을 실감하고는 어린이들에게 쉽게 전달하기 위해 알파의 이야기를 만들었어요. 매일 알파, 마스터와 함께 즐거운 지식 여행을 떠나고 있답니다.

그림 정용환

홍익대학교 산업디자인학과를 졸업하고 다양한 책과 매체에 일러스트 작업을 하였어요. 〈복제인간 윤봉구〉 시리즈, 《로봇 일레븐》, 《유튜브 스타 금은동》 등 다양한 어린이 책의 그림을 그렸으며 《슈퍼독 개꾸쟁》을 쓰고 그려서 제1회 '이 동화가 재미있다' 대상을 받기도 했지요. 평소 팟캐스트 〈지대넓얕〉의 팬으로, 어린이들이 교양을 익히고 더 나은 삶을 꿈꿀 수 있도록 이 이야기에 아름다운 그림과 색채를 입혀 주었답니다.

채사장의 지대넓얕 3
(지적 대화를 위한 넓고 얕은 지식)

초판 1쇄 발행 2022년 4월 30일
초판 16쇄 발행 2025년 4월 11일

지은이 채사장, 마케마케
그린이 정용환
펴낸이 권미경
마케팅 심지훈, 강소연, 김재이
디자인 양X호랑 DESIGN

펴낸곳 ㈜돌핀북
등록 2021년 8월 30일 제2021-000179호
주소 서울시 서초구 강남대로95길 9-10, 웨일빌딩 201호
전화 02-322-7187 **팩스** 02-337-8187
메일 sky@dolphinbook.co.kr

ⓒ채사장, 마케마케, 정용환, 2022
ISBN 979-11-975784-3-4 74900
979-11-975784-0-3 (세트)

이 책을 무단 복사·복사·전재하는 것은 저작권법에 위반됩니다.
잘못 만들어진 책은 구입하신 서점에서 교환해드립니다.

채사장의
지대넓얕

지적 대화를 위한 넓고 얕은 지식

글 채사장, 마케마케
그림 정용환

저자의 말

세계를 보는 눈을 뜨는 것

안녕하세요? 채사장입니다.

저는 대중들에게 인문학 강의를 하며, 책을 쓰고 있어요.

제가 난생 처음 쓴 책이 《지적 대화를 위한 넓고 얕은 지식》입니다. 바로 지금 여러분이 읽고 있는 이 책의 성인판, 여러분의 부모님도 선생님도 읽었을 책이지요. 첫 책인데도 아주 많은 사람들에게 큰 사랑을 받았습니다.

그런데 이 책은 사실, 어른이 되기 전에 읽어야 하는 내용이에요. 조금이라도 더 어릴 때 알면 좋은 내용! 그래서 어른이 아니어도 잘 읽을 수 있도록 이렇게 쉽고 재미있는 책으로 만들었습니다.

왜 저는 《지적 대화를 위한 넓고 얕은 지식》과 같은 인문학 책을 썼을까요?

대답을 위해 저의 어린 시절로 거슬러 올라가 보겠습니다. 저는 책을 읽지 않는 어린이였어요. 학교에서는 맨 뒤에 앉아 엎드려 잠만 자는 아이였지요. 세상과 사람에 대해서 통 관심이 없었어요. 그렇게 어영부영 고등학생이 된 어느 날, 너무 심심한 나머지 처음으로 책 한 권을 읽었습니다. 그 책은 소설 《죄와 벌》이었는데, 책을 읽고 저는 충격을 받았어요. 제 주변의 세계가 확 다르게 보였죠. 그때부터 저는 닥치는 대로 책을 읽기 시작했어요. 세계가 너무도 신기했고, 인간이 참으로 신비했죠.

하지만 성인이 될수록 세계를 더 잘 이해하기는커녕 도무지 이해할 수 없었어요. 왜 어떤 사람은 부자이고 어떤 사람은 가난할까? 왜 어떤 인간들은 약한 자들 위에 올라서고, 전쟁을 일으키는 걸까? 궁금했어요.

역사를 잘 살펴보니 그 답이 있었습니다. 오늘날 왜 경제에 의해서 세계가 좌지우지되는지 원인과 흐름을 이해할 수 있었죠. 인문학은 이렇게 세계를 보는 눈을 뜨게 해 줍니다.

인문학은 넓은 의미로 인간의 무늬를 뜻해요. 인간이 살아오면서 관심을 갖고 고민했던 모든 생각과 시행착오를 담은 그릇이지요. 우리가 어디에서 와서 어디로 가는지 아는 것은 복잡하고 거친 생애를 항해하는 데 꼭 필요한 나침반을 갖는 것과 마찬가지예요. 인류가 차곡차곡 쌓아온 지혜를 만난다면 앞으로 여러분이 성장하면서 부딪힐 어려움을 딛고 일어설 힘을 갖게 되겠지요?

《채사장의 지대넓얕》시리즈는 역사부터 경제, 정치, 사회, 윤리 등 한 분야에 국한되지 않고 넓은 지식을 알려 줄 거예요. 책을 다 읽고 주변 사람들과 지적 대화를 나눠 보세요. 그러면 남들과 다른 지혜로운 어린이가 되어 있을 겁니다. 지금의 시대엔 지혜로운 사람이 주인공입니다.

이번 책에서는 '역사'편이 마무리 될 거예요. 자, 그럼 저와 함께 인문학의 새로운 세계로 여행을 떠나 볼까요?

2022년 봄에, 채사장

프롤로그 친구가 되다 · 11

1 세계 경제대공황
회복의 날들 ········ 21

- 채사장의 핵심 노트 대공황에서 벗어나라 ········ 42
- 마스터의 보고서 뉴딜 정책과 공산주의 ········ 43
- Break time 누구의 주장일까? ········ 44

2 제2차 세계대전1
히틀러가 꿈꾼 나라는 ········ 45

- 채사장의 핵심 노트 독일인에겐 영웅이 필요했다 ········ 70
- 마스터의 보고서 독일의 하이퍼인플레이션 ········ 71
- Break time 역사 미로 찾기! ········ 72

3 제2차 세계대전2
파멸로 향하는 길 ········ 73

- 채사장의 핵심 노트 공급 과잉으로 두 번째 전쟁이 일어났다 ········ 96
- 마스터의 보고서 홀로코스트 ········ 97
- Break time 마스터를 찾아라! ········ 98

태평양 전쟁

4 지구 멸망 버튼 ········· 99

- 채사장의 핵심 노트　종전과 함께 근대가 저물다 ········· 128
- 마스터의 보고서　제2차 세계대전의 종식 ········· 129
- Break time　카드의 위치는? ········· 130

냉전 시대

5 다시 분열된 세계 ········· 131

- 채사장의 핵심 노트　냉전 시대가 오다 ········· 156
- 마스터의 보고서　소련의 붕괴와 데탕트 ········· 157
- Break time　가로세로 낱말풀이 ········· 158

에필로그 새로운 자본의 시대 · 159

- 최종 정리 ········· 164
- 역사 편 총정리 ········· 166

등장인물

알파

인류의 진화를 돕기 위해 지구에 파견된 쪼렙신. 순수하고 맑은 모습으로 인간을 관찰했지만, 점차 생산수단을 손에 넣은 권력자들에게 수모를 당하게 된다. 언젠가는 자신이 지배자가 되기로 마음먹고는 세상이 뒤집어질 때를 기다리던 그는 중세 말, 신 대신 이성을 선택하여 왕과 귀족 세력을 끌어내리는 데 성공한다. 그 후, 신의 존재를 거부한 대가로 특별한 신적 능력은 잃어버리지만 유럽의 근대화와 함께 성공한 자본가로 승승장구한다. 자본주의가 가진 본질적인 문제점 때문에 어려움에 처하기도 하지만, 식민지 지배, 제1차 세계대전 등을 기회로 삼아 위기를 모면한다. '전쟁과 유행'이라는 자본주의의 핵심을 이용해 막대한 부를 쌓던 중 세계 경제대공황이라는 큰 벽에 부딪혀 모든 것을 잃고 마는데······.

마스터

언제나 알파의 곁을 지키는 작은 쥐. 알파가 돈을 벌기 위해 비열한 행동을 할 때마다 걱정하는 눈빛으로 바라본다. 언제나 옆에서 잔소리를 하지만 알파가 자신의 말을 듣지 않는다는 건 누구보다 잘 알고 있다. 이기적이던 알파가 용기 있는 선택을 하게 되면 누구보다 기뻐한다.

채

알파와 자주 마주치는 수수께끼의 사내. 세계 역사의 흐름을 꿰뚫고 있어 알파에게 앞으로의 세상에 대한 힌트를 주고 사라지곤 한다. 대공황으로 인해 모든 재산을 한순간에 날리고 삶의 바닥까지 내려온 알파의 눈앞에 다시 한 번 나타난다. 그 후 비로소 자신의 정체를 밝히고 친구가 된다. 알파의 곁에서 머무르며 도움을 주기로 마음먹었지만 많은 사람의 생명보다 자신의 이익을 먼저 생각하는 알파의 모습에 크게 실망한다.

빌헬름

독일 나치당의 장교. 폴란드에서 공장을 운영하고자 하는 알파를 도와주면서 엄청난 뇌물을 받아 챙긴다.

알파의 공장 직원들

폴란드 바르샤바에 살던 유대인들로 자신들의 상황을 이용해 돈을 버는 알파를 욕하지만 훗날 그 덕분에 목숨을 구한다.

이 책을 읽는 방법

이 책은 어른들을 위해 처음 만든 《지적 대화를 위한 넓고 얕은 지식》을 어린이들도 볼 수 있게 만든 책이에요. 많은 지식을 하나의 흐름으로 정리해 주는 책이지요. 여러분만의 특별한 독서법을 통해 이야기 속에 숨어 있는 지식과 그 지식을 꿰뚫는 통찰을 발견하면 좋겠어요.

Step 1 이야기에 집중하기

처음 읽을 땐 일단 순서대로 이야기를 따라가는 데 집중해 보세요. 이야기 속 주인공은 아주 특별한 인물이지만 그 시대를 살았던 평범한 사람들의 삶을 보여 주는 인물이기도 해요. 주인공의 생각과 심리를 잘 살펴보고 "왜 그랬을까?", "이럴 때 어떤 마음이 들었을까?" 같은 질문을 던져도 좋아요. 어려운 단어나 모르는 내용이 나오면 멈춰서 찾아봐도 되지만 일단은 계속 독서를 진행해도 괜찮답니다.

Step 2 핵심 단어와 흐름 찾기

총 5화에서 펼쳐지는 이야기들은 몇 개의 핵심 단어를 보여 주기 위한 것이에요. 그 핵심 단어는 무엇일지 생각해 보세요. 또 이 책은 세계 경제대공황, 공산주의 혁명, 제2차 세계대전, 냉전과 같은 근현대의 다양한 사건들을 꼬챙이에 꿰어 내듯 연결해 하나의 핵심으로 정리했어요. 긴 역사를 꿰뚫는 이 하나의 흐름은 무엇일까요? 책을 다시 펼쳤을 땐 이 내용을 기억하며 읽어 보도록 해요.

Step 3 지적 대화 나누기

"이 인물은 왜 이와 같은 행동을 반복할까?"
"역사적 사건이 발생한 진짜 원인은 무엇일까?"
"나라면 비슷한 상황에서 어떤 선택을 했을까?"
"이 책 속 장면과 내가 알던 역사 사건의 다른 점이 있을까?"

책을 읽다 보면 여러 가지 의문점이 생길 거예요. 그리고 여러 번 꼼꼼하게 읽거나 다른 자료를 찾아보면 어느 정도 의문점이 해소될 수도 있을 거고요. 이렇게 내가 궁금했던 것, 발견한 내용에 대해 친구들이나 부모님과 이야기해 보세요. 토론을 통해 책을 읽은 것보다 더 큰 기쁨과 지혜를 만날 수 있을 거예요. 책의 마지막 장을 덮은 후에도 우리의 이야기는 계속 이어질 테니까요.

친구가 되다

회색 빛 강물이 넘실대는 허드슨강.

10월의 강바람은 차갑고 축축했어.

저기 좀 봐.

두 사내가 추위도 잊은 듯 강변에 걸터앉아 있네.

채는 알파에게 근처에서 사온 샌드위치를 내밀었어. 딱딱한 호밀빵에 차가운 베이컨이 들어간 그저 그런 샌드위치였지. 그러나 조금 전 죽음까지 생각했던 알파는 꽤나 시장했던 모양이야. 허겁지겁 그 샌드위치를 받아먹었지. 오랫동안 둘은 아무 말이 없었어. 이윽고 알파가 결심이라도 한 듯 침묵을 깨고 입을 열었어.

"사실 나는 신이오."

"……."

거짓말이 아니었어. 알파는 정말 신이었거든. 수만 년을 살아오면서 그 누구에게도 말하지 않은 비밀이었지. 그런데 그 말을 들은 채가 이 정도로 시큰둥하다니. 알파는 조금 짜증이 날 정도였지.

"이봐, 자네는 이 사실이 신기하지도 않나?"

"아, 죄송. 당연히 놀랍고 신기하죠. 그런데 세상엔 워낙 놀라운 일들이 많이 일어나잖아요."

채는 머뭇거리며 말을 이어갔어.

"저만 해도 그래요. 사실……, 전 시간 여행자예요."

전 21세기, 지구 반대편에서 살던 평범한 청년이었어요. 매일 책만 들입다 읽고 또 읽었죠.

책에서 읽은 내용을 확인하고 싶다고 생각하던 참에 시간을 여행하는 방법을 알게 되어 역사 속으로 오게 되었고요.

　쪼렙신과 시간 여행자의 고백은 너무도 싱겁게 끝나 버렸지. 하지만 알파는 뭔가 더 알아내야 할 게 많았던 모양이야. 최근에 겪은 사건들은 쪼렙신에게도 너무나 큰 충격이었거든.
　"당신이 정말 시간 여행자라면, 인류의 운명이 어떻게 될지도 알고 있겠군."

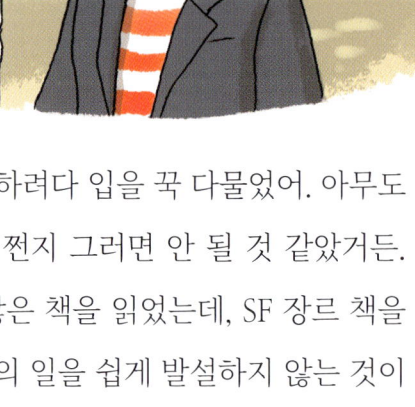

 채는 미래에 일어날 일을 말하려다 입을 꾹 다물었어. 아무도 그에게 말해 주지 않았지만 어쩐지 그러면 안 될 것 같았거든. 원래 살던 세계에서 그는 꽤 많은 책을 읽었는데, SF 장르 책을 보면 보통 그렇더라고. 앞으로의 일을 쉽게 발설하지 않는 것이 시간 여행자의 법칙이랄까? 하지만 채가 보기에도 한순간에 망해 버린 알파가 짠하긴 했어.
 '약간의 힌트를 주는 건 괜찮겠지?'
 채는 주위를 두리번거렸어. 마침 바닥에 버려진 철근이 눈에 들어왔지.

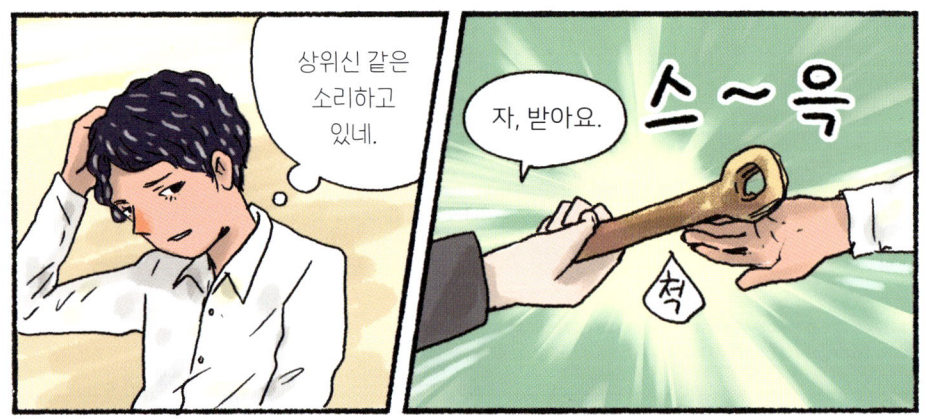

　매서운 강바람이 그 둘 사이를 스쳐 지나갔어. 알파는 천천히 손을 들어 채가 들고 있던 철근을 받아 들었지. 차갑고 묵직한 느낌이 손끝을 따라 전해왔어. 알파는 손아귀에 힘을 꽉 주어 온 감각으로 철을 느껴보았지.

　그는 채를 보곤 싱긋 웃어 주며 말했어.

　"힌트는 고맙게 받지."

1 세계 경제대공황

회복의 날들

　몇 년의 시간이 흘렀다. 알파는 미국의 한 제철 공장에서 일하고 있었다. 사업 분야는 달랐지만 그동안의 경력을 기반으로 공장 관리직의 자리를 얻은 것이다. 이 땅에 자본주의가 시작될 때부터 기업을 운영하던 알파였다. 이내 업계에서 '투자의 신'으로 명성을 떨치게 되었다.

대공황 시기에도 현금을 가진 부자들은 존재했는데 알파는 이들에게 투자를 이끌어 내어 공장을 확장한 것이다. 유망한 화학자들과 협업하여 값싸고 질 좋은 재료를 만들었고, 전국 어디든 철이 필요한 곳이라면 제품을 공급했다. 반면 노동자들에겐 '악마 관리자'란 별명으로 불렸다. 임금을 형편없이 깎았고, 노동 시간을 늘리는 데 앞장섰던 것이다.

그의 이런 행동은 회사의 이익과 연결되었으므로 회장의 무한 신뢰를 얻기에 충분했다. 그러나 그는 만족하지 않았다.

결국 '생산수단'을 손에 넣지 않으면 지속적으로 부를 축적하기 어렵다는 것을 잘 알고 있었다. 알파는 자신의 꿈을 실현하기 위해 떠나기로 마음먹었다.

돌아서서 빠르게 걷는 알파의 입에 통쾌한 미소가 번졌다.

'너구리 같은 늙은이. 당황하는 꼴이라니……, 큭큭.'

모든 준비는 끝났다. 다시 알파의 시대가 온 것이다. 이렇게 빨리 재기할 수 있다니 꿈만 같았다. 주머니 안에 잠자코 있던 마스터가 톡 튀어나와 물었다.

"알파, 그렇게 망하고도 또 사업이라니, 정말 괜찮겠어?"

"기회가 있을 때 잡아야 해. 그리고 미국은 더 망하지 않아."

알파의 말이 맞았다. 미국의 경제는 어둡고 지루한 터널을 지나 조금씩 회복되고 있었다.

결국 알파의 새로운 공장도 호황을 맞았다. 국가 주도 사업으로 나라 전체가 공사판이었으니, 철이 필요한 곳은 무궁무진했다. 알파는 차근차근 사업을 키워 나갔다.

그날 알파는 채에게 좋은 옷과 신발, 음식을 사 주었다. 채는 감사히 받으며 활기로 가득 찬 거리를 감상했다. 길고 지루했던 대공황이 이제야 끝나 가는 것 같았다.

양장점과 레스토랑은 손님으로 붐볐고 분주한 상인들은 행복한 미소를 짓고 있었다.

오랜만에 기분 좋은 날이었다. 스테이크는 적당히 잘 구워졌고, 최고급 와인의 향기는 황홀했다. 알파와 채는 멋진 식사를 즐기며 많은 이야기를 나누었다.

알파는 그동안 살아온 이야기를 들려주었다. 원시 시대에 함께 맘모스를 잡던 친구로부터 배신을 당한 이야기나 고대 시대 노예로 온갖 수모를 당한 이야기, 천년이 넘는 시간 동안 구두를 만들며 기회를 엿본 이야기, 결국 신을 거부하여 중세를 끝낸 이야기, 공급 과잉을 해결하기 위해 먼 바다로 나갔다가 폭풍우를 만난 이야기, 인도에 면직물 공장을 차리고, 제1차 세계대전을 통해 최고의 부를 손에 넣었으나 경제대공황으로 한 순간에 모든 것을 잃은 이야기까지······.

　소련은 그 당시 러시아와 주변 국가들을 부르는 명칭이었다. '소비에트 사회주의 공화국 연방', 줄여서 '소련'으로 칭한 것이다. 산업혁명이 전 유럽으로 확대되던 시절, 러시아에도 자본주의가 들어왔고 그에 따른 문제점들도 함께 발생했다.

　결국 굶주림과 차별에 시달리던 러시아의 노동자들은 황제를 거부했다. 민중들의 분노는 하늘을 찔렀고, 많은 사람이 피를 흘렸다.

　수차례 권력을 향한 격한 봉기가 되풀이 되었고 러시아는 그렇게 혁명을 통해 공산주의 경제체제를 선택했다.

채는 하고 싶은 말이 있었지만 조금 망설였다. 시간 여행자로서 미래의 일을 함부로 말하면 안 될 것 같은 찜찜함 때문이었다. 그러나 돈과 권력을 거머쥔 알파라면 앞으로 일어날 희생을 조금은 막을 수 있지 않을까. 채는 결심한 듯 말을 이었다.

"독일의 움직임이 심상치 않아요. 경제 위기를 해결하기 위해 아주 잔인한 선택을 할 거예요."

알파는 이해하기 어렵다는 표정이었다.

"잔인한 선택이라면?"

"아마도……, 많은 유대인이 희생을 당하겠지요."

"그렇다면, 히틀러 이 작자가 전쟁이라도 일으킨다는 건가?"

채는 간절한 눈빛으로 조심스럽게 머리를 끄덕였다. 그러나 알파의 반응은 생각과는 달랐다. 마치 반가운 소식이라도 들은 듯 씨익 미소를 짓는 것이다.

 "좋은 아이디어가 떠올랐어. 당장 유럽으로 가서 유대인들의 자본을 끌어오는 거야."

 "그렇게까지 해야겠어요? 아무리 돈이 좋아도……."

 알파는 조금 짜증이 난 목소리로 대답했다.

 "이봐, 난 사업가야. 돈 많은 유대인들이 궁지에 몰렸다니, 사업가에게 이보다 더 희소식이 있을까?"

 채 역시 들고 있던 포크를 탁 소리 나게 내려놓았다.

 "알파! 당신 정말……."

 "그럼 나더러 뭘 어쩌라는 건가? 버림받은 신에게 선택권이 있기나 해?"

알파의 언성은 꽤 높았기에 레스토랑의 다른 손님들이 흘깃 쳐다보았다. 잠깐의 어색한 침묵이 흘렀다. 채는 대답 대신 자리에서 일어났다.

"더 이상 드릴 말씀이 없네요. 선택은 당신 몫이니까요."

몇 걸음 걷던 채는 뒤돌아서 한마디를 남겼다.

"또 뵙죠. 인연이 남았다면."

채가 그 길로 나가 버리자 알파는 어떤 말도 할 수 없었다. 레스토랑 안은 여전히 달콤한 향기와 손님들의 웃음소리로 따뜻했다. 그러나 혼자 남은 알파의 마음은 그렇지 않았다.

대공황에서 벗어나라

○ 미국의 방법 – 자본주의를 수정하라

대공황에서 벗어나기 위해 세계 여러 나라들은 다양한 방법을 생각해 냈어요. 일단 미국이 시행한 것은 '뉴딜 정책'이었습니다. 국가가 시장에 적극적으로 개입해서 문제점을 해결하는 정책이었지요. 농업과 산업 등 전반적인 분야에서 개혁이 일어났고, 대규모의 공공 건설 사업이 이루어졌어요. 이 사업은 과정 자체가 목적이라고 할 수 있어요. 댐이나 도로를 건설하려면 노동자가 필요하고, 그들에게 임금도 주어야 하지요. 임금을 받으면 생필품을 사게 되고, 멈춰 있던 생필품 공장은 가동하게 됩니다. 공장을 가동하려면 노동자가 필요하고 다시 고용이 활성화겠지요?

이와 같은 문제 해결 방식을 '수정 자본주의' 혹은 '후기 자본주의'라고 불러요. 기존의 자본주의의 문제점을 수정하였고 초기 자본주의와도 차이점이 있다는 뜻이지요.
실제로 이 방식은 어느 정도 성공을 거두었고, 미국 경제는 점차 회복되었어요.

○ 러시아의 방법 – 자본주의를 폐기하라

한편, 러시아는 자본주의를 폐기하는 방향으로 문제를 해결했어요. 대공황이 일어나기 전인 1917년에 혁명을 통해 공산주의 경제체제를 선택한 것이에요. 이후 러시아는 '소비에트 사회주의 공화국 연방', 즉 '소련'으로 명칭을 바꾸었고, 점차 안정적으로 경제 성장을 이루었습니다.

뉴딜 정책과 공산주의

최고의 호황을 누리던 미국은 1929년에 찾아온 세계 경제대공황에 직격탄을 맞는다. 이 혼란 속에서 미국의 제32대 대통령으로 당선된 프랭클린 루즈벨트는 국가가 주도하는 '뉴딜 정책'으로 대공황을 극복할 계획을 세웠다.

뉴딜 정책을 표현한 공공 벽화 공공사업진흥국(WPA)에서 미술가를 고용하여 진행한 작품으로, 예술가들에게 일자리를 제공하는 다양한 정책 또한 뉴딜에 해당했다.

1차 뉴딜 정책 (1933~1935)	• 긴급 은행법 고객들의 마구잡이식 인출 금지, 기업과 개인에게 대출과 보조금 지급. • 농업 조정법 농산물의 생산량을 조절하여 적은 양만 시장에 풀어 공급량 조절.	2차 뉴딜 정책 (1935~1938)	• 공공 사업 도로와 다리, 공원 등 건설, 예술 산업과 예술가 지원 ▶ 일자리 증대 • 민생 안정 노동자들의 권리 보장, 사회보장제도 정비.

이런 노력을 통해 실직자들은 줄어들었고 소비는 증가했다. 미국은 점차 대공황에서 빠져나올 수 있었다.

한편 러시아는 경제대공황이 일어나기 전에 자본주의의 문제점을 인식하고 있었다. 독재와 빈부 격차로 굶주림에 시달리던 러시아의 노동자와 농민들은 혁명을 통해 황제를 몰아냈고 1917년 11월에는 세계 최초로 사회주의 국가를 수립하는 데 성공했다.

이후, 우크라이나를 포함한 주변 15개 국가들을 모아 사회주의 공화국 연방, '소련'을 수립한다. 사회주의 국가에서는 생산수단을 공동으로 소유하고 생산물을 평등하게 분배하는 방법으로 자본주의의 문제점을 극복하려 했다. 덕분에 다른 자본주의 국가들이 경기 침체를 경험했던 시기에 대공황을 피해갈 수 있었다.

공산주의 사상을 표현한 일러스트 망치와 낫, 붉은 별은 공산주의의 상징으로 소련의 국기에도 사용되었다.

Break Time 누구의 주장일까?

자본주의자들과 공산주의자들이 각자의 주장을 외치고 있어. 이들이 하는 말을 잘 듣고 누가 자본주의를, 누가 공산주의를 주장하는지 구별할 수 있겠니?

시장의 가격은 보이지 않는 손에 의해 자율적으로 조정된다. 사회나 정부가 시장에 개입할 필요가 없다.

애덤스미스

자본가는 점점 더 부자가 될 수밖에 없고, 노동자는 열심히 노력해도 가난할 수밖에 없다.

마르크스

자본주의의 붕괴를 막기 위해서는 정부의 기능을 확대해야 한다.

케인즈

국가가 존재하는 동안에는 자유가 있을 수 없다. 자유가 있으면 국가는 없을 것이다.

레닌

노동자들은 단결해야 한다. 혁명을 통해 노동자들의 공산주의 국가를 만들어야 한다.

엥겔스

정부가 너무 많이 개입하면 경제를 비효율적으로 만든다.

하이에크

히틀러가 꿈꾼 나라는

"우리의 위대한 독일이 전쟁 배상금으로 고통을 받고 있다! 우리를 괴롭히는 한계를 극복하고 새로운 미래를 써 내자!"

히틀러는 높은 단상에서 외치고 있었다. 오후의 해를 등진 덕분에 그를 올려다보는 것만으로도 눈이 부셨다. 얼굴은 어두웠고 머리 뒤쪽의 해가 후광처럼 빛났는데, 그 모습은 마치 전설 속 영웅이나 신이 이 땅에 강림한 것 같은 효과를 주었다.

알파는 어쩐지 이 구도가 익숙하다는 생각이 들었다. 그리고 곧 그 익숙함의 정체를 기억해 냈다. 오메가였다. 아주 먼 옛날 고대의 오메가도 높은 신전 꼭대기에서 외치곤 했다. 오메가가 화려한 빛을 받으며 스스로를 신이라고 일컬을 때마다 군중은 감격하며 환호

했고, 두려워하며 바닥에 엎드리기도 했다. 그 장면을 기억해 낸 알파는 가슴이 조여 오는 것 같아 조용히 한숨을 내쉬었다.

히틀러는 군중을 쏘아보며 연설을 이어갔다.

"독일이 왜 이토록 고통받아야 하는가?"

군중들은 떨리는 마음으로 그의 대답을 기다렸다. 히틀러는 한마디 한마디에 힘을 주며 말했다.

"바로 더러운 이민족 때문이다. 그들이 우리의 소중한 영토를 오염시켰기 때문이다!"

곳곳에서 깊은 탄식 소리가 들렸다.

"우수한 인종은 보호받아야 하고, 열등한 민족은 말살당해야 한다!"

히틀러는 분노에 휩싸인 듯 소리를 높였다. 그의 목소리는 과장될 정도로 힘이 넘쳤고, 손짓과 표정 또한 연극배우처럼 보였다.

"피식."

알파는 거대한 게임판과 같은 이 상황을 바라보며 코웃음을 쳤다. 히틀러는 물론, 박수를 치는 15만 명의 군중들까지 모두 거대한 쇼의 일부분 같았다.

채가 이 장면을 봤다면 뭐라고 했을까. 알파는 이 상황에서 느닷없이 채의 마지막 모습이 떠올랐다. 도움을 청하는 듯 간절하던 눈빛, 그리고 실망으로 바뀌며 차갑게 식어 가던 표정이 생각났다. 그날 그렇게 돌아 선 이후, 채에 관한 어떤 소식도 들을 수 없었다.

제1차 세계대전 이후, 패전국 독일이 맞이한 경제난은 심각한 수준이었다. 1320억 마르크라는 막대한 전쟁 배상금과 매년 국민 소득의 10%, 수출액의 80%를 연합국에 갚아야 했는데 방법이 없었던 정부는 돈을 마구 찍어 낸 것이다. 점차 화폐의 가치는 떨어졌고 독일의 물가는 가파르게 치솟았다. 수십 억 마르크를 들고 있어도 빵 한 덩어리 우유 한 병 사 먹을 수 없는 끔찍한 하이퍼인플레이션이 찾아왔다.

지폐를 땔감으로 태우고 벽지 대신 돈으로 도배하는 이들이 늘어났다. 땔감이나 벽지를 사는 것보다 넘쳐 나는 돈을 써 버리는 게 더 쉬웠던 것이다. 당장 현금이 있어도 살 수 있는 것은 아무것도 없었으니 매달 월급을 받던 대부분의 사람들은 굶주릴 수밖에 없었다. 반면, 땅이나 공장 같은 자산을 가지고 있던 국가와 기업은 여전히 부유했다.

비참한 시대였다. 독일인들은 더 이상 정부를 믿지 않았다. 그들은 이 현실에서 빠져나올 수만 있다면 그 누구라도 따를 수 있었고, 어떤 이라도 희생시킬 수 있을 것만 같았다.

그 순간 히틀러가 나타난 것이다. 곧 히틀러는 모두가 원하는 희생자를 찾아냈다. 유대인이었다. 그들은 과거 예수를 탄압했고, 유럽의 거의 대부분의 부를 차지한 민족이었다. 독일이 가난으로 허덕일 때에도 은행 이자를 받으면서 떵떵대고 살아오지 않았는가. 납득할 만한 논리적 정당성만 찾아서 죄를 뒤집어 씌우면 그들의 재산을 몰수할 수 있었다.

"어떻습니까, 선생님?"

한껏 격양된 톤으로 자신에게 말을 거는 목소리에 알파는 깊은 생각에서 빠져나왔다. 옆자리의 독일 장교가 손이 부르터라 박수를 치며 알파를 바라보고 있었다. 눈에는 눈물까지 그렁그렁 맺혀 있었다. 베를린 올림픽 후원을 통해 알게 된 사이로, 알파를 이 자리에 초대한 장본인, 빌헬름이었다.

*괴벨스 : 독일 나치 정권의 선전장관. 20세기 최고의 정치 연출가로 손꼽힌다.

알파가 빌헬름을 데리고 간 곳은 뉘른베르크 근교의 별장이었다. 고급 가구들과 그림으로 호화롭게 꾸며진 곳이었다. 빌헬름은 입을 벌리고 연신 감탄했다.

"근사하군요. 아주 감각 있게 꾸며 놓으셨습니다."

"마음에 드신다니 다행입니다. 장교님께서 편하게 쓰셨으면 하는 마음에 준비했거든요."

빌헬름은 걸음을 우뚝 멈추고 알파를 훑어보더니, 곧 별장이 떠나가라 큰소리로 껄껄껄 웃었다.

"으하하하! 아주 통이 크십니다! 마음에 들어, 들고 말고요."

알파가 독일 땅까지 건너 와 뇌물을 준비한 데에는 이유가 있었다. 곧 나치가 침공할 폴란드에서 사업을 하기 위해서였다.

"외국인이라뇨……."

알파는 눈썹을 찡그리더니 품에서 작은 주머니를 꺼내어 빌헬름에게 내밀었다.

"이건 또 뭡니까?"

주머니를 열어 본 그의 입에서 작은 감탄의 소리가 새어져 나왔다. 그 안에는 다이아몬드들이 반짝이고 있었다. 원석부터 세공까지 최고급이었다. 빌헬름의 눈동자가 흔들리자 알파의 입에 미소가 번졌다.

"자꾸 국적으로 선을 그으시면 섭섭합니다. 일단 상부 보고 때 쓰시고, 더 필요하면 말씀하시죠."

　1939년 9월 1일. 새벽 4시, 히틀러와 나치는 선전포고도 없이 폴란드를 침공했다. 갑작스러운 공격에 폴란드는 속수무책으로 당할 수밖에 없었다.

　바르샤바의 거리엔 총격음이 울렸고, 폴란드인들은 두려움에 떨었다.

　독일군이 점령하여 폐허가 된 거리, 어느 공장 건물 안에서 기분 좋게 웃으며 돈을 세는 남자가 있었다.

　바로 알파였다.

"이 정도 규모의 공장을 이렇게 싼 가격에 인수하다니!"

그 당시 알파는 전쟁이 한창인 폴란드로 넘어가 유대인들의 공장을 헐값에 사 들이기 시작했던 것이다. 미리 나치당원들에게 뇌물을 주며 얻어 낸 운영권이었다. 게다가 노동자들도 유대인을 고용했으니 그만큼 이득이었다. 그렇게 알파는 여러 채의 유대인 공장을 운영하는 사장이 되었다.

그러나 알파도 언제나 속 편한 것만은 아니었다. 나치들에게 계속 뇌물을 바쳐야 했기 때문이다.

'이러다간 수지타산이 안 맞겠어. 잘 구슬려서 조금씩 줄여 나가야지.'

그 날도 알파는 돈 가방 안에 현금을 꽉꽉 눌러 담아 빌헬름을 만나러 길을 나섰다. 거리엔 차갑고 건조한 겨울바람이 불었다. 바르샤바는 몇 달 안에 분위기가 완전히 달라져 있었다. 가슴에 유대인 표식인 별을 달고 거리를 지나는 이들도 보기 어려웠다. 폴란드를 점령한 독일인들은 이곳 유대인들을 모아, 아예 '게토'라고 불리는 강제 거주 지역으로 몰아넣어 버렸다.

알파는 소리가 난 쪽으로 고개를 돌렸다. 철조망으로 가려진 게토 안에서 난 소리였다. 이죽거리는 독일군인은 잘해야 10대 후반으로 보이는 어린 소년이었다.

알파는 걸음을 멈추고 그들의 대화를 들었다.

독일군은 키득거리며 노인의 수염을 잘랐다. 싹둑싹둑 소리와 함께 하얀 수염이 바닥에 흩어져 떨어졌다. 지나가던 유대인들은 아무 일도 못 봤다는 듯이 걸음을 재촉했다.

그들은 노력하고 있었다. 아무런 감정도 느끼지 않으려고, 분노도, 수치심도 처음부터 모르는 감정인양 무시하려고 애썼다.

노인의 수염을 형편없이 자른 독일군은 빙그레 웃으면서 계속 청년에게 말을 걸었다.

"사는 게 참 끔찍하고 힘들겠어. 안 그래? 아버지는 몸도 안 좋으시고."

"아닙니다. 괜찮습니다."

유대인 청년이 건조하게 대답하자 어린 독일군은 활짝 웃으며 계속 비아냥거렸다.

"아 그래? 행복하다는 거지? 그럼 노래를 불러 봐. 너의 행복이 다 전해지도록."

마른 나뭇가지 같은 노인의 몸이 떨려 왔다. 주먹을 불끈 쥔 청년의 손에도 힘이 들어갔다. 눈에는 물기가 어렸지만 그는 살기 위해 이 모멸감을 견뎌야만 했다.

곧 그의 떨리는 목소리가 차갑고 메마른 거리에 울려 퍼졌다.

순식간에 일어난 일이었다. 조금 전까지 노래하던 청년은 싸늘한 시체가 되어 바닥에 쓰러졌고 노인은 절규했다. 골목을 지나던 행인들이 공포감에 몸을 떨자 독일군은 지나가는 사람들에게 욕을 하기 시작했다.

"뭘 봐, 뭘 보냐고?! 이 벌레 새끼들아!"

알파는 몸이 차갑게 굳어 한 발자국도 앞으로 갈 수 없어 그저 숨을 멈추고 바라보았다. 어린 독일군의 광기 어린 눈에 가득 서려 있는 것은 분노가 아닌 두려움이었다.

"우리 국토를 더럽히는 벌레가 죽은 것뿐이야!"

그러고는 목이 터져라 히틀러의 이름을 불렀다.

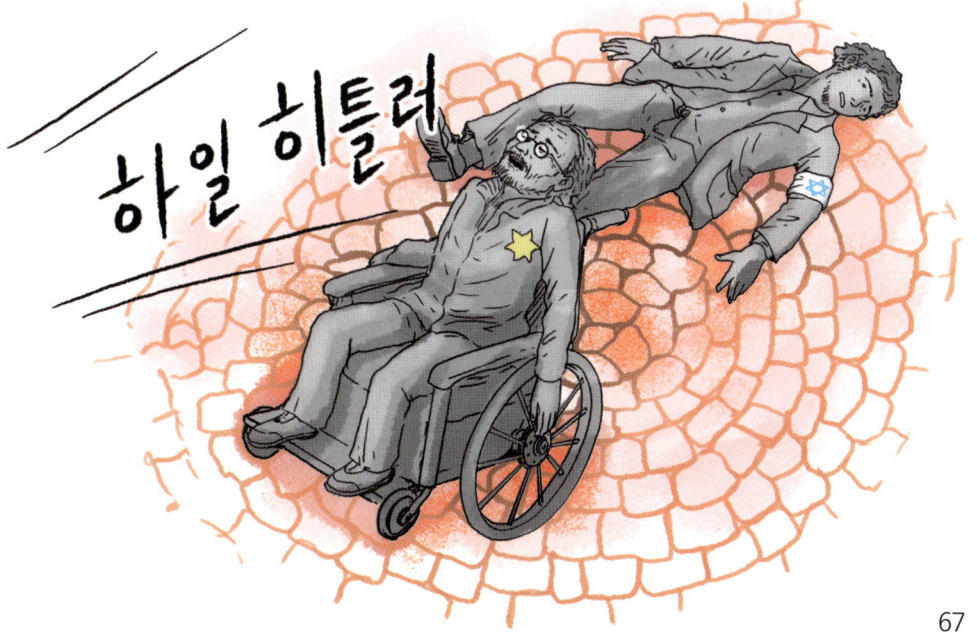

'맙소사…….'

이것이 채가 미처 말하지 못했던 인류의 끔찍한 미래인 건가. 결국 인류는 이런 모습으로 진화해야 했던가.

아주 먼 옛날 불을 처음 발견한 시절부터 공동체를 이루며 생존했던 인류였다. 자연이 가져온 무서운 대재앙을 극복했고 끔찍한 가난과 숱한 전쟁의 고통, 느닷없는 전염병에서도 살아남았다. 그들은 불평등을 극복하기 위해 이성을 찾았고, 화려하고 아름다운 문화와 빛나는 과학 기술로 이상을 좇았다.

그런데 어쩌다 여기까지 오게 된 것일까. 아이러니하게도, 알파는 이 순간 그가 버린 절대자에게 기대고 싶어졌다. 다시 간절하게 기도하고 싶어진 것이다. 알파는 너무도 오랜만에 나즈막이 상위 신을 불러 보았으나 어떤 대답도 돌아오지 않았다.

독일인에겐 영웅이 필요했다

○ 독일의 경제공황

제1차 세계대전에서 패배한 독일은 막대한 전쟁 배상금을 물어야 했어요. 게다가 대공황까지 겹치자 국가는 파산에 직면했고, 국민의 고통은 말할 수 없이 커졌어요. 독일 국민들은 자신들을 구원해 줄 영웅을 기다렸지요. 그때 한 정치인이 나타났어요. 바로 히틀러였습니다. 히틀러는 뛰어난 연설 솜씨로 대중의 인기를 끌며 권력을 사로잡았어요.

○ 히틀러의 주장

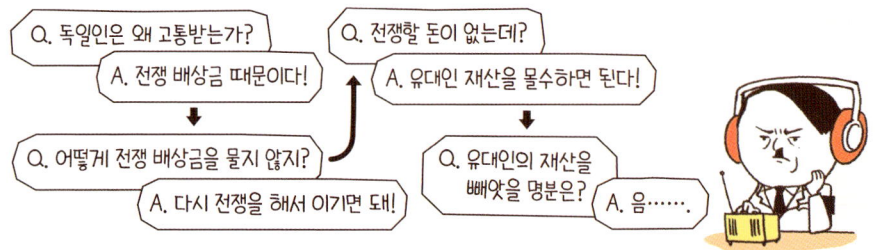

히틀러는 각 민족은 자신의 민족성에 어울리는 영토를 갖고 있어야 한다고 생각했어요. 그런데 지금 독일의 영토는 전쟁 때문에 더 좁아진 데다가 심각하게 오염되어 있다고 말했지요. 그렇게 오염된 이유는 바로 독일 영토에 살고 있던 유대인 때문이라고 주장했답니다. 이로써 유대인 대학살 '홀로코스트'의 명분이 만들어진 거예요.

독일의 하이퍼인플레이션

제1차 세계대전 직후 독일은 최악의 경제난과 함께 하이퍼인플레이션을 경험했다. '하이퍼인플레이션'은 물가상승이 통제를 벗어난 상황을 뜻한다. 전쟁 이후 독일은 현재 가치로 약 205조 원이나 되는 어마어마한 전쟁 배상금을 갚아야 하는 상황이었다. 독일 정부는 위기를 모면하기 위해 마구잡이로 화폐를 찍어 냈고, 그 결과 화폐 가치는 폭락하고, 돈은 휴지 조각이 되었다.

1918년에 0.5마르크를 주고 살 수 있었던 빵이 1923년에는 천억 마르크에 이르렀다. 수레 가득 돈을 싣고 가도 우유 한 병을 살 수 없었다. 물가가 오르는 폭뿐 아니라 속도 또한 통제할 수 없었다. 커피 한 잔을 다 마시기 전에 커피 값이 두 배가 오른다는 이야기가 떠돌 정도였다. 하이퍼인플레이션과 함께 실업률은 최고치에 도달했고, 공산당과 자유주의자들의 파업이 계속되며 나라 전체가 시끄러웠다.

벽지 대신 지폐를 붙이는 독일인의 모습.　　장난감 대신 돈다발을 가지고 노는 아이들.

불안한 사회에서 카리스마 넘치는 정치인의 등장은 환영을 받게 마련이었다. 히틀러는 '하나된 위대한 독일'이란 환상을 심어 주었고, 국민들은 열광했다.

이는 제2차 세계대전과 홀로코스트라는 끔찍한 결과로 이어졌다. 600만 명에 이르는 유대인이 독일에 의해 학살당하며 인류 역사상 가장 잔혹하고 폭력적인 사건이 일어난 것이다.

한편, 독일의 경제적 문제는 한 나라만의 문제로 끝나지 않았다. 세계 금융이 연결되어 있는 시대엔 한 국가의 경제는 다른 국가에도 영향을 미치기 때문이다. 잇따라 유럽의 여러 나라가 경제적 어려움을 피할 수 없게 되었다.

Break Time
역사 미로 찾기!

히틀러에 의해 모진 탄압을 받은 유대 민족. 이들은 아주 특별한 역사를 갖고 있다고 해. 미로를 찾으며 먼 옛날부터 지금까지 유대 민족들이 지나온 길을 따라가 보자.

파멸로 향하는 길

학살은 심심치 않게 일어났다. 독일군은 마치 게임을 하듯 게 토의 유대인들을 잡아 죽였다. 한밤중에 예고 없이 방문하여 일 가족을 몰살하는 일들까지 번번이 일어났다.

어느 날이었다. 알파는 출근 시간이 지나도 오지 않는 직원의 빈자리를 짜증 섞인 눈으로 보고 있었다.

이상한 낌새를 느낀 알파가 차분히 이야기를 들어 보니 독일 군에 의해 그의 가족 모두가 변을 당했다는 것이다. 그들은 사 냥감을 찾듯 어슬렁거리며 아무 집이나 문을 두들겼고 마주치 는 가족들을 사살했다고 한다. 이야기를 모두 들은 알파는 머리 를 세게 얻어맞은 것 같은 기분이었다.

'뭐? 그냥 죽였다고? 그렇게 쉽게?'

알파는 돈 가방을 힘껏 움켜쥐고, 장교의 눈을 똑바로 마주 보며 말했다.

"그러니, 살살 좀 다뤄 주시죠."

장교 빌헬름은 코웃음을 치며 알파가 잡고 있던 돈 가방을 자기 쪽으로 슥 끌어당겼다.

"무슨 말인지 알겠습니다. 그런데 선생님도 너무 과하지 않게 하시는 게 좋을 겁니다. 무슨 말인지 아시겠죠?"

빌헬름 역시 알파의 눈을 쏘아 보았다. 심장까지 얼어붙게 만드는 차가운 눈빛이었다.

알파는 더 이상 대답을 할 수 없었다. 피가 거꾸로 솟는 것 같았으나 섣부르게 행동할 수는 없었다.

그 누구도 큰소리로 말하지 못했지만 모두 알고 있었다. 돈밖에 모르는 악마 같은 사장이 자신들의 목숨을 구하려 한다는 것을. 알파의 제안은 언제 죽음이 들이닥칠지 모르는 게토에서 도망칠 수 있다는 뜻이었다.

모든 일은 비밀리에 진행되었다. 공장 내부에 눈에 띄지 않는 거처를 마련하는 것은 쉬운 일이 아니었다. 나치의 끄나풀은 곳곳에 있기 때문이었다. 일단은 최소한의 짐을 옮겼고, 시간을 두고 지하 공간을 개조해 비밀 통로와 은신처를 마련하기로 계획을 세웠다. 그러나 문제는 소음이었다. 벽을 허물고 통로를 내려면 소리가 발생할 것이고, 이웃들이 의심할 것이다. 어떻게 하면 조용히 일을 치를 수 있을까.

종일 맑고 쾌청하던 날씨였다. 누구도 폭풍우가 몰려올 것을 예상하지 못했다.

그러나 순식간에 몰려든 먹구름은 휘몰아치듯 하늘을 뒤덮었다. 한밤의 뇌우는 하늘을 찢을 듯 계속되었다. 천둥과 빗소리에 귀가 먹먹할 지경이었다.

"쿵쿵쿵!!!"

알파와 직원들은 서둘러 공사를 마무리했다. 벽을 때리고 부술 때 발생하는 큰 소리는 거센 빗소리와 천둥소리가 가려 주었다. 급하게 만든 은신처였지만 여러 가족들이 몸을 피하기엔 충분한 곳이었다.

한편 나치는 유대인을 한곳에 모아 두는 데 그치지 않았다. 본격적인 인종 청소를 시작한 것이다.

어느 늦은 가을. 유대인을 가득 채운 화물 기차가 바르샤바 외곽으로 달리고 있었다.

"일자리를 주고 돈도 준다니 정말 다행이야."

"에이, 아무리 그래도 독일 놈들을 믿을 수 있을까?"

"그런데 도대체 우리 어디로 가는 거지?"

기차는 어느덧 폴란드 남부의 작은 공업도시에 도착했다. '노동이 너희를 자유케 하리라'라는 문구가 쓰인 거대한 철문이 보였다. 담장 위의 철조망에는 고압 전선이 흐르고 있었다.

이곳은 우릴 죽이려고 만든 곳이야!

"환영한다. 여러분. 열심히 일하면 그에 따른 보상이 주어질 것이다."

독일군은 유대인들을 남자와 여자로 나누고, 또 그 안에서 노인과 어린아이를 나누더니 여자들에게 명령했다.

수백 명의 여자들은 시키는 대로 옷을 벗었다. 나체가 된 그녀들은 안내에 따라 샤워실로 들어갔다. 공장처럼 생긴 작은 건물이었다. 독일군은 사람들이 다 들어간 것을 확인하고 철문을 모두 걸어 잠근 후에 밖에서 레버를 열어 물을 틀었다.

몇 시간 후, 철문을 열자 수백 구의 시신이 쏟아져 나왔다. 시신들은 바로 소각장으로 옮겨져 불태워졌다. 시신을 처리하는 끔찍한 일은 같은 유대인들이 처리해야 했다.

그곳은 아우슈비츠 수용소. 전 세계의 유대인들과 집시들, 유색인종들이 쉴 새 없이 실려 오는 곳이었다. 살아남은 이들은 강도 높은 노역에 시달렸고, 노동이 불가능한 이들은 가스실로 보내져 학살당했다. 어린 아이들은 생체 실험에 희생당했다.

수용자들은 톱밥이 섞인 빵과 썩은 채소만으로 끼니를 채우고 닭장처럼 비좁은 궤짝 안에서 잠을 자야 했다. 화장실에는 배설물이 뒹굴었다. 나치에게 살해당하지 않더라도 비위생적인 환경에서 병으로 목숨을 잃는 이들도 많았다. 그렇게 수많은 유대인이 절망 속에서 서서히 말라 죽어갔다.

'선생님도 너무 과하지 않게 하시는 게 좋을 겁니다. 무슨 말인지 아시겠죠?'

알파는 빌헬름의 말을 떠올렸다. 그것은 분명한 경고였다. 한순간에 모든 걸 잃고 나락으로 떨어질 수도 있는 일이었다.

"이러지 마시오. 나한테 왜 이런 부탁을 하는 거요? 난 그냥 돈을 벌기 위해 여기 온 사람이란 말이오!"

"사장님은 좋은 분이시지 않습니까? 당신이 작게나마 이 끔찍한 세상을 바꾸고 있다고요!"

알파는 그녀의 목소리에 놀라 고개를 돌렸다. 그 옛날 고대의 노예 아이의 음성을 들은 것 같았기 때문이다.

이번에도 알파는 다시 금고를 열었다.

"자꾸 이런 부탁을 드려서 죄송합니다. 숙련된 기술공이 수용소로 넘어갔다고 하네요. 경제적 가치로 치자면 건물 한 채 값이라서요……."

알파를 싸늘하게 맞이하던 빌헬름은 금괴를 받자 태도가 금세 누그러졌다. 그는 히죽 웃으며 대답했다.

"그런 일이 있었으면 진작 얘기하지 그랬습니까, 허허허."

곧 아우슈비츠 수용소에 장교의 부하들이 방문했다. 그들은 수용자들을 모아 놓고 쪽지에 적힌 번호를 불렀다. 알파를 찾아온 여인의 가족이었다. 그렇게 그들은 수용소를 빠져나와 안전하게 다시 집으로 돌아갈 수 있었다.

이후에도 비슷한 일이 몇 번 더 반복되었다. 유대인들은 알파를 찾아와 눈물로 호소했고, 알파는 그때마다 금고를 열었다. 그렇게 그는 많은 유대인을 죽음으로부터 구했다. 뇌물을 준비하는 데에도 큰 돈이 들었고 유대인들에게 은신처를 제공하거나 중립국으로 탈출 시키는 데에도 엄청난 돈이 필요했다.

결국 사업 이익의 대부분은 유대인들을 구하는 데 쓰였다. 알파는 점점 위험해졌고, 또 막대한 재산을 잃었다.

　요하네스 가족은 그 말을 남긴 채 뒤돌아 떠났다. 그들이 찬 바람이 부는 어두운 밤길로 사라질 때까지 알파는 한참을 그 자리에 멍하니 서 있었다. 신이 함께한다는 건 어떤 기분일까. 그 또한 창조를 도우며, 상위 신과 호흡하던 때가 있었다. 절대적인 존재를 느끼고 생각하며 살아가던 때가 있었다. 그러나 이제 그게 무엇인지 기억마저 가물가물해졌다.

저 멀리 요하네스의 어린 딸이 차가운 바람에 몸을 떠는 것이 보였다. 알파는 소녀의 가는 길이 조금 덜 추웠으면 좋겠다고 생각했다.

 그러자 이내 바람이 멈추고 공기가 훈훈해지는 게 느껴졌다. 그리고 한동안은 따뜻한 날이 지속되었다.

공급 과잉으로 두 번째 전쟁이 일어났다

○ 대공황 해결방안

우리는 지금까지 대공황을 해결하기 위한 세 국가의 방안을 살펴보았어요. 미국은 정부가 시장에 개입하는 방법을 선택하며 자본주의를 수정했고, 러시아는 공산주의를 선택하며 자본주의를 폐기했지요. 한편 독일은 군국화의 길을 선택해 전쟁을 일으켰어요.

전쟁에서 승리하면 전쟁 배상금을 물지 않을 뿐 아니라, 무역에서 독점적인 위치를 점유할 수 있었지요. 혹시 패배한다고 해도 전쟁을 통해 수요가 창출되니 공급 과잉 문제를 일시적으로 해소할 수 있었어요. 경제적 이익을 위해 전쟁을 선택한 독일은 자본주의를 수정하거나 폐기한 것이 아니라, 유지했다고 할 수 있지요.

○ 제2차 세계대전

독일은 히틀러의 나치당을 중심으로 전쟁을 일으켰어요. 1939년부터 1945년까지 치러진 세계적 규모의 전쟁을 '제2차 세계대전'이라고 합니다. 독일, 이탈리아, 일본이 추축국이 되어 전쟁을 일으켰고, 영국, 프랑스, 미국, 소련, 중국 등 여러 나라가 연합국을 형성하여 이에 대항했어요.

추축국	연합국	
독일	영국	소련
이탈리아	프랑스	중국
일본	미국	

홀로코스트

유대인은 고대 팔레스타인 지방에서 유일신 여호와를 믿으며 율법을 따르는 민족을 뜻한다. 유대 민족에서 나사렛 예수가 탄생했고 십자가형을 받았으므로, 훗날 서구 유럽 사회가 그리스도 문화권이 되었을 때 유대인은 예수를 죽인 민족으로 취급받았다. 그들은 강대국들의 침략으로 독립 국가를 갖지 못해 여러 국가에 흩어져 살아야 했다.

중세 시대 유럽 대륙에 자리잡은 이들은 땅이 없는 탓에 농사 대신 천대받던 상업과 대부업에 종사하였다. 그런데 훗날 근대 자본주의와 함께 금융업과 무역이 발전하면서 막대한 부를 누리게 된 것이었다.

유대 민족의 상징인 '다윗의 별'은 나치 독일에서 격리 및 탄압을 위한 증표로 사용되었다.

독일 내에서 노골적인 인종 차별을 시작한 나치는 폴란드를 점령하면서 본격적인 탄압을 시행했다. 유대인들을 기존의 거주지에서 몰아내어 '게토'라고 하는 집단 거주지역에 강제 이주시키고, 전쟁 상황이 불리해지자 위기감을 느끼고는 유대인 자체를 말살시키기로 한다.

나치는 점령국의 유대인들을 유럽 곳곳에 설치된 유대인 수용소에 강제 이송해 건강한 이들은 강제 노동을 시켰고, 여성이나 노약자들은 가스실로 보내어 바로 학살하였다. 이렇게 1945년까지 약 600만 명의 유대인들이 희생당했다.

아우슈비츠 수용소에 수감된 어린이들의 모습

유대인을 대량 학살했던 가스실

벽의 손톱자국으로 당시의 끔찍했던 상황을 알 수 있다.

Break Time
마스터를 찾아라!

유대인 수용소 중 한 곳인 '소비보르'. 끔찍한 대우와 학살을 참지 못한 유대인들이 봉기를 일으키고 탈출에 성공한 곳이지. 저기 좀 봐! 탈출하는 유대인들 중에 알파와 마스터가 숨어 있네? 같이 찾아볼까?

지구 멸망 버튼

"마스터! 이 편지, 누가 보낸 건 줄 알아?"

알파는 집 안으로 들어오며 소리쳤다. 몇 해 전, 뉴욕의 한 식당에서 싸늘하게 돌아선 것이 채의 마지막이었다. 그 이후에는 연락조차 할 수 없었지만 알파는 내심 채가 어떻게 살고 있는지, 소련 여행에서 별일은 없었는지, 이 전쟁을 어떻게 생각하고 있는지, 몇 번이고 만나서 묻고 싶었다.

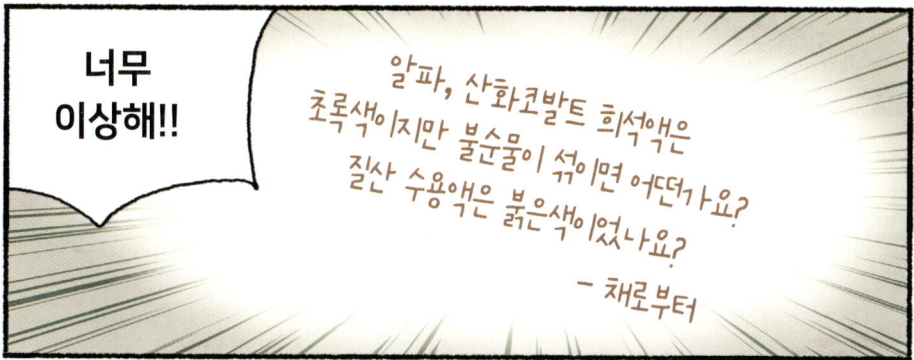

알파는 불현듯 생각나는 것이 있어 서재 구석의 두꺼운 책을 펼쳐 보았다. 중세 천년 동안 숨죽인 채 가죽신을 만들며 세상을 관찰해 온 알파였다. 많은 사람이 연금술에 심취해 있던 그때의 기억이 바로 어제 일처럼 생생했다. 당시 사람들은 납이나 구리 같은 값싼 물질을 금으로 바꿀 수 있다고 믿었다. 물론 허무맹랑한 생각이었다. 그럼에도 많은 이가 세상을 이루는 물질의 정체를 궁금해하며, 이런저런 화학 실험을 한 덕분에 과학이 발달할 수 있었다.

결국 인류는 이 세상의 모든 물질이 더 이상 쪼개질 수 없는 작은 입자로 이루어져 있다는 것을 알게 되었고, 그 물질들의 조합으로 화학 반응이 일어난다는 것도 밝혀냈다.

편지를 잡은 알파의 손이 미세하게 떨려 왔다. 채의 말을 바로 이해할 수 있었기 때문이었다. 중세 후기, 왕과 귀족들을 끌어내리기 위해 과학을 선택했던 알파였다. 그는 물리학자와 화학자들의 연구를 적극 후원했고, 그들의 지식이 대중들에게 흘러갈 수 있도록 출판과 강연의 자리를 마련했다. 그렇게 신의 시대를 끝내고 이성의 시대를 열었다. 그 덕에 알파는 물질과 에너지에 대한 기초적인 지식 정도는 갖고 있었다.

미국은 알파가 준 정보를 받아들였고, 차근차근 준비를 시작했다. 알파가 추천한 인사들을 비롯해 나치를 피해 유럽에서 건너온 세계적인 물리학자들까지, 조용히 미국에 모여 비밀리에 연구를 시작했다. 이 일과 관계된 과학자, 수학자, 공학자, 기술자들은 암호로 소통했으며 가족은 물론, 그 누구에게도 자신이 연구하는 일을 발설하지 않았다.

워낙 철저하게 보안이 이루어졌기에 이 일의 전체적인 그림을 알고 있는 사람은 별로 없었다.

알파는 연구비를 책정하고 예산을 조달하는 사업을 맡았다.

그러나 정확하게 그 돈이 어떤 일에 쓰이는지는 알지 못했다. 그저 다달이 돈을 보내면서 이 천문학적인 예산이 히틀러의 야욕을 멈추는 데 도움이 될 것이라고 굳게 믿을 뿐이었다.

그러는 동안에도 전쟁의 상황은 계속 바뀌었다. 전쟁 초반에는 준비를 많이 한 독일과 추축국이 유리했지만 시간이 갈수록 판세는 달라졌다.

반복되는 작전 실패와 빗나간 판단으로 독일 수뇌부는 점차 신뢰를 잃었다. 상황이 나빠지자 나치의 몇몇 엘리트 장교들은 히틀러를 암살할 계획을 세우기도 했다.

히틀러를 죽이려는 시도는 여러 차례 있었다. 그때마다 그는 기적적으로 살아났다. 하지만 부하들의 배신은 타격이었는지 히틀러는 나날이 쇠약해졌다. 자주 주변 사람들을 의심했고, 억지를 부렸으며, 명령을 내릴 때마다 횡설수설했다. 갈수록 더 전쟁에 집착했고, 불리한 상황에서도 밀어붙였다.

1945년 4월 29일. 히틀러는 지하 벙커에서 애인 에바와 결혼식을 올렸고, 다음날 자살한 채로 발견되었다. 그의 유언대로 시신이 불태워졌기 때문일까. 소련군이 뒤늦게 지하 벙커에 도착했을 땐 이미 히틀러의 흔적을 찾을 수 없었다고 한다.

　1945년 5월 8일, 독일군이 항복하며 유럽에서의 제2차 세계대전은 막을 내렸다. 나치가 폴란드에서 떠나자 숨죽이며 남아 있던 유대인들은 눈물을 흘리며 기뻐했다.

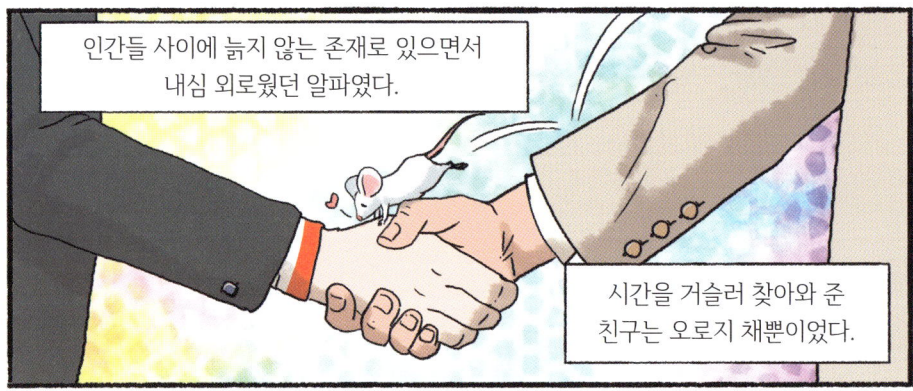

근대화에 성공한 후 동아시아에 침략 야욕을 드러내던 일본은 유럽 국가들이 했던 것과 똑같은 방식으로 조선을 식민지화하는 데 성공했다. 일본은 만주 사변을 시작으로 중국 대륙을 침략했고, 인도네시아와 필리핀까지 장악하며 아시아 전체로 세력을 확장했다. 이를 경계한 미국은 일본이 석유와 철강 등의 무역을 못하도록 막았다. 전쟁을 막기 위한 처사였으나 일본의 생각은 달랐다.

1941년 12월 7일. 지상낙원으로 불리는 하와이의 진주만.

느닷없이 출동한 전투기들이 아침 하늘을 까맣게 뒤덮었다. 일본의 예고 없는 공격에 해변이 불지옥으로 변한 것이다.

일본이 미국의 영토를 공격한 건 잠자는 사자의 코털을 건드린 것과 같은 실수였다. 미국은 지금까지 전쟁에 직접 끼어들지 않았지만 상황이 달라진 것이다. 그들의 반격은 무자비했다. 일본은 미국과 치른 미드웨이 해전에서 처절히 패배했다. 이후 도쿄와 같은 대도시에는 수차례 무차별 공습이 쏟아졌다.

　전쟁이 길어지면서 일본은 더 이상 버틸 힘이 남지 않았다. 남자들은 강제로 군대에 끌려갔고, 집에서 사용하던 물자들도 모두 군수품으로 보내야 했다. 부모를 잃은 아이들은 폐허가 된 건물 위에서 전쟁놀이를 했다.

　그러나 독일이 항복을 선언한 뒤에도 일본은 계속 버텼다. 일본의 10대 소년들이 폭탄을 실은 전투기에 올라 타 적진에 몸을 던지기까지 했다.

'맨해튼 프로젝트'. 원자폭탄 개발과 관련된 비밀 프로젝트의 이름이었다. 알파를 포함해 이 프로젝트에 참여한 모든 사람은 자신이 만든 폭탄이 실제로 사용되는 일이 없기를 바랐다. 그러나 그들의 바람처럼 되지 않았다. 전쟁이 길어지자 미국은 일본 열도에 폭탄을 투하하기로 결심했기 때문이다. 채를 통해 핵무기의 위험성을 알게 된 알파는 필사적으로 막기 위해 노력했다.

*리틀보이(little boy) : 1945년 8월 6일, 일본 히로시마에 투하된 원자폭탄.
*팻맨(fat man) : 1945년 8월 9일, 일본 나가사키에 투하된 원자폭탄.

1945년 8월 6일. 히로시마의 아침은 평소와 다름없이 흘러갔다. 기차와 자동차는 부지런히 사람들을 실어 날랐고, 학교에선 아이들이, 공장에선 일꾼들이 각자의 방식으로 저마다의 일상을 보내고 있었다.

그러던 어느 순간, 도시의 모든 사람은 태양보다 강렬한 하얀 빛이 타오르는 것을 보았다.

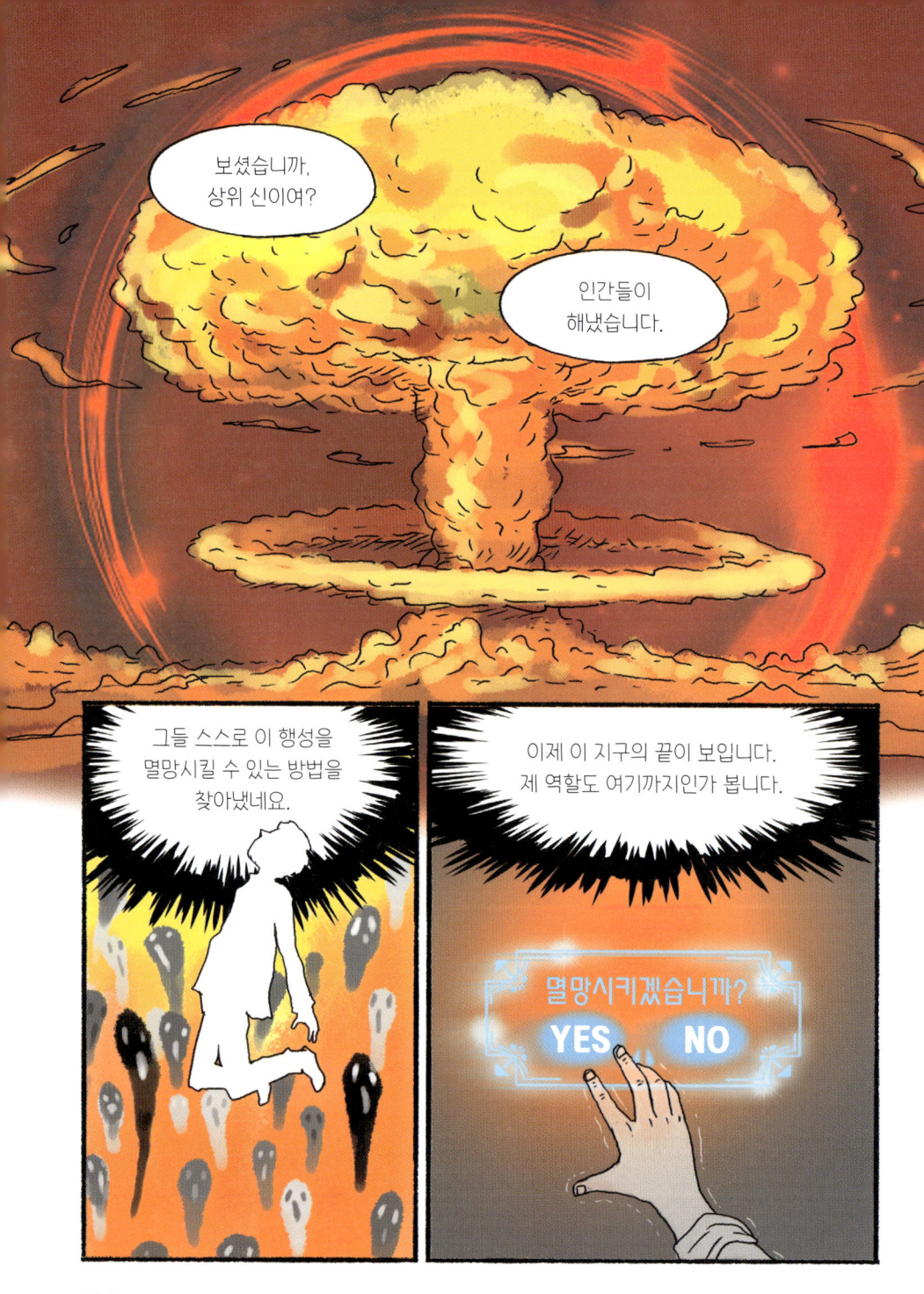

울며 기도하던 알파는 하늘 높이 손을 뻗었다. 창조 때 상위 신이 한 말이 떠올랐다.

'이 행성의 시작과 함께했으니, 행성의 멸망에도 관여하라.'

그 말은 알파가 이 지루한 생을 이어나가게 한 원동력이었다. 상위 신은 알파에게 지구를 멸망시킬 수 있는 권한을 주었지만 알파는 그 힘을 언제, 어떻게 써야 할지 결정하지 못한 상태로 수십억 년의 세월을 보냈다. 그리고 알파의 의지와 상관없이 지구는 살아남았다.

그런데 이제 그들 스스로 파괴의 방법을 찾아낸 것이다. 신이 우주를 창조한 것과 비슷한 방식으로 말이다. 그들이 신이 될 수 있도록 도운 건 알파 그 자신이었다. 그대로 두면 인류는 욕망과 혐오 속에서 스스로 자멸을 택할 것이었다.

그는 손에 만져지는 멸망 버튼을 힘껏 눌렀다.

그게 신으로서 할 수 있는 최소한의 배려라고 생각하면서.

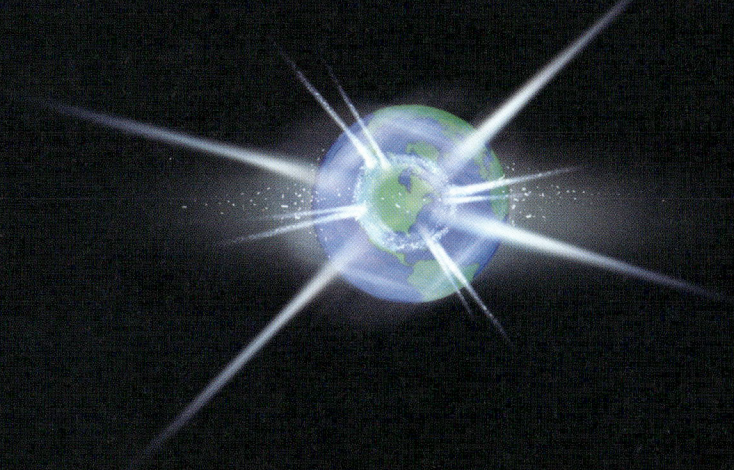

종전과 함께 근대가 저물다

우리는 앞서 독일이 전쟁을 일으킨 이유에 대해 살펴보았어요. 그런데 일본은 왜 갑자기 세계대전에 참전하게 되었을까요? 그것도 지구 반대편의 독일과 손을 잡고 말이에요.

○ 일본의 참전 이유

중세 일본에는 천황이 존재했지만 실질적인 힘은 무사 정권인 막부에 있었어요. 막부는 군부정권으로 쇼군이 통치했지요. 그런데 19세기에 들어서자, 일본은 미국과의 통상 조약을 시작으로 근대화에 박차를 가하게 됩니다. 이를 '메이지 유신'이라고 해요. 일본은 서구 열강들의 기술, 문화 제도를 받아들이며 빠르게 산업화를 이루어 나갔어요.

그러나 산업화는 자본주의를 낳고, 자본주의는 공급 과잉 문제를 발생시켰지요. 공급 과잉을 해결하기 위해서는 수요가 필요했고, 수요를 창출하기 위해서는 식민지가 필요했던 거예요. 일본 또한 세계대공황의 영향을 받아 위기에 봉착했어요. 그 해결책으로 더 큰 시장을 꿈꾸게 되었고, 전쟁에 뛰어들게 되었습니다.

○ 전쟁의 끝

결과적으로 전쟁은 연합국의 승리로 끝났어요. 1945년 5월, 독일이 먼저 항복했고, 같은 해 8월 히로시마와 나가사키에 원자폭탄이 투하되고 나서야 일본 또한 무조건 항복을 선언했습니다. 일본이 항복한 날은 1945년 8월 15일이에요. 인류 역사에서는 '세계대전 종전일'이며 우리나라 같은 식민지 나라에서는 '광복절'이 된 셈이지요.

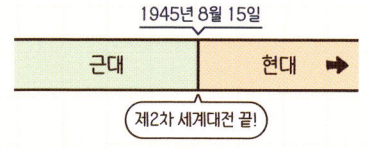

일본의 자본주의
근대화·산업화 → 공급 과잉 발생 → 전쟁 참전

제2차 세계대전의 종식

전쟁이 길어지자 연합군의 위세가 점차 강해졌고 1943년, 이탈리아가 항복을 선언하며 상황은 역전에 이르렀다. 1945년 5월엔 연합군이 베를린 정복에 성공했고, 독일도 항복을 선언했다. 그러나 일본은 마지막 순간까지 항복을 거부하며 억지로 전쟁을 이어 갔다. 결국 미국은 일본의 히로시마와 나가사키에 원자폭탄을 떨어뜨렸고, 천황의 무조건 항복을 받아 냈다. 1945년 8월 15일, 수많은 사람을 희생시킨 전쟁이 그렇게 마무리되었다.

타임스퀘어 광장에 모여 승전을 기뻐하는 미국인들

연합국들은 제1차 세계대전 후의 막대한 전쟁 배상금과 경제적 부담이 두 번째 전쟁을 일으켰다는 것을 깨닫고 독일의 재건을 돕기로 의견을 모았다. 이때 소련은 독일을 공산주의 국가로 만들고자 했고, 미국을 포함한 다른 연합국은 자본주의 체제를 유지시키고자 했다. 결국 독일은 동과 서로 나뉘어 각각 공산주의와 자본주의의 관리를 받게 되었다. 그리고 세계는 소련과 미국으로 대표되는 공산주의와 자본주의로 양분화되어 냉전 시대로 접어들게 되었다.

얄타회담
종전을 앞두고 미국, 영국, 소련 등 연합국 정상들은 전쟁 이후 독일 관리 등의 문제를 논의하였다.

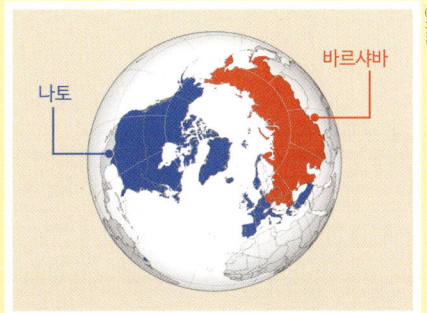

나토와 바르샤바 조약기구 가입 국가
자본주의가 중심이 된 북대서양 조약기구(나토)와 그에 대항하는 동구권의 공산주의 국가들이 가입한 바르샤바 조약 기구이다.

Break Time
카드의 위치는?

마스터가 제2차 세계대전 중에 일어난 사건 카드를 순서대로 배치하고 있어. 그런데 중간 중간 몇 개의 카드가 빠져 있네? 아래 놓여진 카드들의 바른 위치를 찾아 줘.

5 냉전 시대
다시 분열된 세계

 알파는 모든 것이 타 버린 행성 위에 서 있는 자신을 보고 있었다. 다 끝났다. 어떤 생명체도 남아 있지 않았다. 비명과 아우성, 알 수 없는 원성과 흐느낌, 그들의 이야기들이 발 딛는 모든 곳에 있었다. 또 다른 목소리도 들렸다. 목소리는 여러 모습을 한 오메가의 비웃는 음성으로, 노예 소녀의 울부짖음으로 바뀌어 들렸다.

알파는 인류의 발전에는 희생이 있어야 한다고 믿었다. 평화의 시대가 이어질 때는 그도 행복했지만 인간들에겐 갈등도 필요하다고 생각했다. 혼란이 덮쳐 올 때마다 새로운 사상이 출현했고, 권력의 변화가 이루어졌다. 그에 따라 경제가 활성화됐고 마치 발명품이 만들어지듯 더 좋은 삶의 모델이 생겨났다. 그렇게 모든 것이 파괴된 순간에도 신을 닮은 위대한 삶은 시작되곤 했다. 그 모든 것을 눈으로 지켜보며 경험을 쌓아 온 알파였다. 인류는 어쩌면 계속 진화하는 중일지도 몰랐다. 알파는 자신이 실수했다는 것을 깨달았다.

'잘못 누른 것 같아!'

"아직 괜찮아."

아직 멸망하지 않았다는 건가? 알파가 놀라 하늘을 보자 익숙한 상위 신의 음성이 들려왔다.

"알파, 어리바리한 건 지구 창조 때나 지금이나 똑같구나. 쪼렙 주제에 감히 진화의 끝에 대해 말하느냐."

알파는 무릎을 꿇었다.

"상위 신이시여, 저를 벌하십시오! 제가 부족했습니다!"

알파는 엎드린 채로 용서를 빌면서도 다행이라고 생각했다.

알파의 눈에 어렴풋이 채와 마스터가 웃고 있는 모습이 보였다. 아주 푹 잠들고 일어난 것처럼 온몸이 개운했다. 마스터가 말했다.

"알파, 잘 잤어? 드디어 전쟁이 끝났어."

알파는 일어나 창밖을 보았다. 뉴욕의 거리는 아무 일도 없던 것처럼 활기에 가득 차 있었다. 지구 반대편에서는 원자폭탄이 터졌고 수십만 명이 죽었다. 그러나 여전히 햇살은 따뜻했고 바람은 보드라웠다. 사람들은 웃고 떠들고, 먹고, 마시고, 사랑하고 미워하는 일을 계속하고 있었다.

끔찍한 사건이 마치 한낱 꿈처럼 스쳐 지나갔다. 원폭 희생에 대한 애도와 우려의 목소리도 있었지만 전쟁이 끝났다는 기대감과 설렘을 가릴 수는 없었다.

그제야 알파의 눈에 침대 맡에 쌓여 있는 서류들이 보였다.

"이건 다 뭐야?"

"뭐긴 뭐야. 네가 검토할 것들이지. 너 자는 동안에도 주문이 많이 들어왔어."

마스터의 말에 채도 고개를 절레절레 저었다.

"유대인들이 서로 투자금을 보내겠다고 앞다투어 연락하더라고요. 어휴, 알파 드디어 망한 줄 알았는데 또 이렇게 돈 벌 일이 생기네요."

그렇게 삶은 계속되었다. 전쟁으로 폐허가 되었던 영토는 서서히 정리되었고 파괴된 도시도 다시 건설되었다. 주가는 조금씩 올랐고 알파의 회사 역시 안정되었다. 알파는 공장을 재가동하고 직원들도 새로 뽑았다.

뉴딜 정책이 아무리 훌륭해도 경제공황을 이겨 내는 것은 쉽지 않았다. 그러나 전쟁 덕분에 미국 사회는 단숨에 길고 긴 공황을 끝낼 수 있었고 곧 세계를 이끄는 강대국이 되었다. 이제 자본주의를 위협할 만한 것은 없어 보였다.

하지만 평화는 쉽게 찾아오지 않았다. 제2차 세계대전 때엔 공공의 적을 두고 똘똘 뭉쳤던 미국과 소련이 전쟁 이후 세계를 정리하는 과정에서 대립한 것이다. 서로 판이하게 다른 경제체제 때문이었다. 미국은 정부가 시장에 개입하는 후기 자본주의를 선택했고, 소련은 러시아 혁명을 거치면서 공산주의 국가가 되었다. 세계는 자본주의와 공산주의를 중심으로 두 체제로 나뉘었고 강대국들의 어마어마한 무기 경쟁이 시작되었다. 질세라 서로 더 강력한 핵무기를 만들던 경쟁은 우주를 향한 경쟁으로도 이어졌다.

요즘 알파는 어느 때보다 채와 함께 일하고 싶었다. 누군가 든든한 사람의 조언을 듣고 싶었던 것이다. 알파는 회사를 운영하는 데 한 번도 겪어 보지 못한 위기가 왔음을 직감했다. 그것은 수요와 공급의 불균형과 같은 경제적인 문제와는 달랐다. 최근 알파가 공장을 순찰할 때면, 휴게실에 모인 노동자들이 무언가 심각한 이야기를 나누다가 알파를 보면 말을 멈추고 읽던 책을 황급하게 숨기는 모습이 종종 목격됐다.

'또 공산주의에 관한 책인가?'

그럴 때마다 알파는 눈살을 찌푸렸다. 알파가 공산주의를 싫어하는 이유 중 하나는 그것이 착하고 성실한 일꾼들에게 너무 큰 영향을 준다는 점이었다.

그러던 어느 날, 사무실에 도착해 장부를 넘기던 알파는 또 깜짝 놀랐다. 노동자들이 불만을 늘어놓는 동안 실적이 말도 못 하게 떨어졌기 때문이다. 그냥 놔두었다간 다시 예전과 같은 손해를 봐야 할 지경이었다. 알파는 재무 담당자를 불러 상황을 물었다.

"지난달에 비해 너무 떨어졌는데? 이 정도면 임금을 줄이거나 인원을 감축해서라도 손해를 메꿔야 하는 거 아닌가?"

"해고요? 지금 노동자를 해고하겠다고요? 사장님도 참……."

알파는 재무 담당자를 내보냈다. 한 번도 고민해 본 적 없는 문제였다. 그는 경제대공황과 두 번의 전쟁에서도 살아남았다. 제2차 세계대전은 끔찍했지만 싸워야 할 적이 누구인지는 분명했다. 히틀러와 전체주의라는 적의 모습은 선명했고, 덕분에 맞서 싸우는 이들은 하나가 될 수 있었다.

그런데 절대 악이 사라진 세상에 공산주의라는 새로운 적이 자라난 것이다. 이들은 형체도 소리도 없는 유령처럼 조용히 떠돌며 약자들의 머릿속을 빠르게 지배해 나갔다.

알파는 머리가 지끈거렸다. 어떻게든 이 위기를 넘길 방법을 생각해 내야 했다. 그때 그의 머릿속에 스쳐 지나가는 얼굴이 있었다. 오메가였다.

그렇다. 말을 듣지 않는 무리들은 언제나 있었다. 아주 먼 과거라고 해서 다를 건 없었다. 고대나 중세 시대에도 농민과 노예들은 자신의 처지를 억울해 했고 걸핏하면 부유한 지배 계층에게 반기를 들었다.

'오메가는 이런 상황에서 어떻게 했었지?'

오메가들은 언제나 민중을 강력하게 제압하고 다시 통치를 이어갔다. 그도 그럴 것이 당시 오메가에겐 '신'이라는 강력한 무기가 있었던 것이다.

알파는 담담하게 바닥에서 시위를 하는 노동자들의 앞을 지나 단상 위로 올랐다. 노동자들은 술렁거리며 성난 얼굴로 그들의 사장을 노려보았다.

"존경하는 노동자 여러분, 안녕하십니까. 저는 이 공장의 사장입니다."

알파는 정중하게 고개를 숙여 노동자들에게 인사를 했다. 예상하지 못한 사장의 행동에 노동자들은 당황한 표정을 감추지 못했다.

"제가 이 자리에 올라선 이유는, 여러분이야말로 진정한 애국자라는 말씀을 전해 드리기 위해서입니다."

"그런데 그 공산주의가 우리의 소중한 조국에까지 검은 마수를 뻗치려 하고 있습니다! 이런 비상 사태에서도 나라를 지키기 위해 자신의 일을 다 하는 분들이 있습니다."

알파는 자신을 바라보는 눈동자들을 똑바로 응시하며 힘주어 말했다.

"바로 이 자리에 있는 노동자 여러분입니다."

알파의 말에 몇몇 노동자는 감동을 받은 듯 박수를 치려다가 이내 눈치를 보며 손을 내렸다.

"여러분이야말로 진정한 애국자가 아니고 무엇이겠습니까? 여러분 한 사람, 한 사람이 성실하게 일하는 모습을 볼 때마다 숭고하고 경건한 노동의 가치에 저도 모르게……, 가슴이 벅차올라……."

말을 이어가던 알파의 눈에는 어느덧 그렁그렁 눈물까지 맺혔다. 알파가 목이 매어 울음을 삼키자 그의 말을 듣던 많은 청중의 눈가도 촉촉해졌다.

"전 세계가 위기 상황인 까닭에 여러분들에게 더 많은 것을 돌려 드리지 못해 죄송합니다. 하지만 믿어 주십시오. 우리의 적인 공산주의를 뿌리 뽑고, 진정한 평화가 찾아오는 그날! 조국과 기업은 여러분의 헌신에 반드시 보답할 것입니다."

노동자들은 어느새 고개를 끄덕이고 있었다.

선조들이 일궈 낸
우리의 조국!
우리도 끝까지
지켜 나갑시다!!

와아~

사장 만세!!

자네 말 들었다간 큰일 날 뻔했네. 자네가 읽으라고 한 책이 공산주의자들 책 아니었나?

내가 뭐, 알고 그랬나.

난 국가에 반대되는 행동은 안 하네.

나도. 우리 아버지가 참전용사야.

암, 어떻게 지켜 낸 조국인데…….

알파는 뿌듯한 얼굴로 단상에서 내려왔다. 이제 어떻게 회사를 운영해야 할지 답을 찾은 것 같았다.

'공장 중앙에 국기를 게양하고, 나라가 지정한 기념일엔 성대한 행사를 열어야지. 국가 유공자인 노동자들에겐 그에 따른 보상을 해서 다른 이들이 부러워하도록 해야겠다.'

앞날을 계획하며 걷고 있던 알파의 앞을 누군가 가로막았다. 바로 채였다. 그는 양쪽 엄지를 치켜들고 있었지만 어쩐지 조롱하는 듯한 느낌이었다.

"여긴 무슨 일이지?"

"지나가다 들렀어요. 알파, 방금 멋지던데요?"

알파는 채가 괘씸했다. 수십만 년을 홀로 지내면서 진짜 친구를 만났다고 생각했다. 그런데 그는 완전히 자신의 편이 아니었다. 역사의 흐름을 잘 알고 있으면서 제대로 정보를 주지 않는 것도 얄미웠고, 마치 자신이 큰 잘못이라도 한 것처럼 빈정거리는 것도 거슬렸다.

"그래, 내가 시끄럽게 구는 노동자들 때문에 신을 대신할 만한 존재를 찾아냈네. 바로 국가가 있더군."

"맞아요, 잘 아시네요. 국가의 의미를 잘 포장하고 과장하고 이용하셔서 승승장구하길 바랍니다."

말을 마친 채는 뒤돌아섰다. 알파는 못 참고 소리를 질렀다.

"또 제멋대로 어딜 가는 거야?!"

알파는 돌아서려는 채를 다시 불러 세웠다.

"어디로 돌아간다는거야?"

"당신이 언젠가 도착할 21세기, 한국의 서울로요. 그때까지 알파, 무사하기를."

채는 의미심장하게 인사를 던지고는 뚜벅뚜벅 걸어갔다. 그 뒷모습을 보며 알파는 한참을 서 있었다. 알파는 이 순간, 알지 못했다. 자신이 앞으로 수십 년간 채를 찾아다니리라는 것을.

냉전 시대가 오다

○ 세계의 재편

전쟁이 끝나고 세계는 새롭게 편성되었어요. 제2차 세계대전의 승전국인 미국과 소련이 세계의 중심으로 떠올랐지요. 미국과 소련은 전쟁 중에는 동맹 관계였지만 전쟁이 끝나자 서로 다른 경제체제 때문에 대결할 수밖에 없었어요.

세계는 자본주의와 공산주의라는 체제를 중심으로 나뉘었답니다. 둘 다 막대한 핵무기를 보유하고 있었기에 미국과 소련이 직접 전쟁을 하는 건 쉽지 않았어요. 위기의 순간도 여러 번 있었지만 직접적인 충돌은 없었지요. 세계가 둘로 나뉘어져 긴장과 갈등이 계속되던 시대, 제2차 세계대전이 종식된 1945년부터 소련이 해체된 1991년까지의 기간을 '냉전 시대'라고 합니다.

○ 왜 자본주의와 공산주의는 대립하는가

자본주의가 공급 과잉 문제를 해소하기 위해서는 시장이 필요해요. 그러나 공산주의의 확장은 시장의 축소를 의미하지요. 또한 공산주의 이념이 자본주의를 붕괴시킬 가능성도 있었어요. 그렇기에 자본가들은 이를 경계할 수밖에 없었지요.

○ 국가, 요청되다

자본가들은 노동자들이 언제 반란을 일으켜 생산수단을 공유할지 몰라 불안했어요. 이때 요청된 개념이 바로 '국가'입니다. 특히 지배자들은 애국심을 강조했어요. 이는 꼭 자본주의만의 특징이 아니에요. 신을 요청할 수 없는 모든 지배 권력은 애국을 장려하니까요.

소련의 붕괴와 데탕트

1989년, 베를린 장벽이 무너진다. 베를린 장벽은 제2차 세계대전 이후 독일을 동과 서로 나눈 장벽으로, 냉전의 상징과도 같은 존재였다. 공산주의자들의 독재와 경제 불황을 견디지 못한 동독의 불만이 커졌고, 결국 1990년 10월 3일, 독일은 분단 41년만에 통일을 이루었다. 독일뿐 아니라 폴란드, 헝가리, 루마니아, 불가리아 등 동유럽의 다른 나라에서도 민주화 바람이 불기 시작했다. 공산당 정권의 독재와 소련의 간섭, 그리고 경제적 어려움에 지친 시민들은 봉기를 일으켜 독재자들을 거부한 것이다.

베를린 장벽
냉전의 상징이었던 베를린 장벽이 허물어지며 동유럽의 다른 국가들도 민주화를 요구하기 시작했다.

세계 곳곳에서 레닌과 스탈린의 동상이 끌어내려지고 공산당 정권도 무너졌다. 소련 스스로도 개혁과 개방의 필요성을 깨달았다. 소련의 지도자 고르바초프는 냉전으로 인한 군사력 경쟁이 경제에 타격을 주고 있다는 것을 인정하고 1989년, 미국 대통령과의 정상회담을 통해 냉전이 끝났음을 공식적으로 선언했다.

1991년, 소련은 해체되어 러시아와 15개의 신생 공화국으로 나뉘었다. 소련의 붕괴로 냉전은 종식되고 화해와 평화의 시기가 찾아왔다. 이를 '데탕트'라고 한다. 공산주의 체제의 몰락은 자본주의의 승리를 의미했다. 그 후 세계는 빠르게 자본주의화 되었다.

냉전의 종식을 기념하는 우표
소련의 개방 정책을 추진한 지도자 고르바초프는(그림 왼쪽) 냉전을 종식시킨 공로로 1990년 노벨평화상을 수상했다.

미국과 소련의 화해를 풍자한 카툰

Break Time
가로세로 낱말풀이

역사 여행을 마친 친구들, 모두 수고 많았어. 낱말풀이를 통해 근대 자본주의 시대의 시작과 경제대공황까지, 핵심 어휘들을 확인해 보자.

가로

① 히틀러가 주도했던 독일의 파시즘 정당.
② 일본 혼슈 서남부에 위치한 현으로 원자폭탄이 처음 투하된 곳이다.
③ 독일의 정치가이자 독재자로 나치당을 이끌며 제2차 세계대전을 일으킨 이의 풀네임.
④ 미국의 제32대 대통령으로 뉴딜 정책을 이끌었다.
⑤ 유럽 중부에 있는 나라. 제1차 세계대전의 패전으로 하이퍼인플레이션을 겪었다.
⑥ 1939에서 1945년까지 독일, 이탈리아, 일본을 중심으로 한 추축국과 영국, 프랑스, 미국, 소련 등 연합국을 중심으로 한 전 세계 규모의 전쟁.

세로

㉠ 일본 규슈에 위치한 지역으로 외국 문물을 받아들인 무역항. 히로시마와 함께 원자폭탄의 희생을 당했다.
㉡ 원자폭탄을 만드는 비밀 프로젝트. 미국과 유럽의 과학자들이 참여했다.
㉢ 유라시아 대륙에 걸쳐 있는 나라로 1922년 소련 (소비에트 사회주의 공화국 연방)이었다가 1991년에 해체되었다.
㉣ 독일의 사상가이자 경제학자로 자본주의의 모순을 비판하고 '공산당 선언'을 발표했다.
㉤ 이스라엘 왕국의 후손으로 유대 종교를 믿는 민족. 정서적, 민족적 공동체로 나치에 의해 희생당했다.
㉥ 아시아 대륙 동쪽에 위치한 섬나라. 제2차 세계대전의 추축국으로, 태평양 전쟁을 일으켰으나 1945년 8월 15일에 항복하였다.

새로운 자본의 시대

세월은 천천히, 그리고 또 빠르게 흘렀어.

지구촌 곳곳에 고층 건물이 세워졌고, 골목마다 전화와 인터넷 선이 깔렸으며, 스마트 폰이 개발되어 인류의 삶을 장악했지. 인공지능과 가상현실. 첨단 기술은 쉬지 않고 쏟아져 나왔고, 새로운 인류는 자연스럽게 이 빠른 변화를 받아들였어.

그래, 세계는 촘촘하게 연결되었고, 정보는 삽시간에 공유되었어. 세상은 평화로워졌고 아주 복잡해졌지. 과거에 비해 평등했지만 경쟁은 견디기 힘들 정도로 심해진 거야. 감정과 정서, 예술과 철학, 진리까지……, 모든 것이 자본화된 21세기.

그 도시의 한가운데 알파가 서 있어. 여전히 젊고 아름다운 모습이지만 그는 좀 지쳐 있는 것 같아.

    돈 버는 것만큼은 자신 있던 알파였지만, 요 몇 년 사이엔 여러차례 고비를 겪을 수밖에 없었어. 오랜 시간 일궈 온 철강 회사는 다국적 기업과의 경쟁에서 완전히 패배했고, 새로 시작한 다른 사업들도 참신하고 젊은 트렌드를 따라가기에 벅찼지. 알파에겐 제대로 된 도움을 청할 사람도 없었고 사업의 고충을 나눌 동료도 없었어. 그러다 보니 상위 신에게 제대로 된 보고서 한 장 쓰지 못한 채 시간이 흘러갈 수밖에…….

    요즘엔 인류의 여가 생활을 선도하는 카페 사업을 하겠다며 시장조사를 하고 있는데 잘 될지 모르겠네.

최종 정리

어린이 여러분, 안녕하세요? 채사장입니다. 우리는 알파와 함께 세계 경제대공황 이후 제2차 세계대전까지의 근대의 역사를 숨 가쁘게 살펴보았어요. 지금부터는 저와 함께 배운 내용을 떠올리며 중요한 핵심 내용을 정리해 볼게요.

2권을 읽은 친구들은 자본주의가 어떤 이유 때문에 세계 경제대공황을 맞이하게 되었는지 기억할 거예요. 공급 과잉을 해결하기 위해 세계 각국은 여러 가지 방법을 생각했어요.

대공황 해결 방안
① 미국 : 뉴딜 정책 – 자본주의 수정
② 러시아 : 공산주의 – 자본주의 폐기
③ 독일 : 군국화 – 자본주의 유지

독일의 군국화는 제2차 세계대전으로 이어졌어요. 많은 아픔을 남긴 전쟁이 끝나고 세계는 이념에 따라 새롭게 재편되었어요.

미국 자본주의 ↔ 소련 공산주의

냉전이 끝나자 공산주의가 없는 세상에서 자본주의는 빠르게 퍼져 나갔어요. 우리는 그 어느 때보다 자유 시장을 추구하는 '신자유주의'라는 자본주의 체제 속에 살고 있어요. 자 그럼, 지금까지 우리가 배운 역사의 핵심을 정리해 볼까요?

근대
산업화 → 자본주의 (공급>수요)
제국주의 시대 (19c 말~20c 초) → 제1차 세계대전 (1914~1918)
경제대공황 (1929~) → 제2차 세계대전 (1939~1945)

현대
냉전 시대 (1945~1991) → 신자유주의 (1991~오늘)

"길고 긴 인류의 역사를 생각하면 자본주의는 아주 짧은 역사를 가진 체제예요."

"절대 보편적이고 안정적인 체제가 아니라는 말씀!"

> 생각하고 토론하기

인류는 자본주의 때문에 큰 어려움을 겪었지만, 그 문제를 해결하기 위해 노력했어요. 그 과정에서 비극적인 역사가 만들어지고 세계가 분열되기도 했지요. 여러분은 이 과정들이 합리적이고 윤리적이라고 생각하나요? 역사를 공부하며 궁금했던 부분들을 함께 나누고 토론해 보세요.

① 미국의 뉴딜 정책은 경제적 위기를 벗어날 수 있는 좋은 대안처럼 보여요. 현재 우리나라나 다른 국가에서 겪고 있는 경제적 어려움도 같은 방법으로 해결할 수 있을까요?

② 제1차 세계대전 이후 극심한 경제적 어려움에 처했던 독일은 히틀러를 중심으로 유럽 전체를 대상으로 한 침략 전쟁을 일으켰어요. 만약 히틀러라는 인물이 없었다면 독일은 전쟁을 일으키지 않았을까요? 그렇다면 두 번째 세계대전은 일어나지 않았을까요?

③ 제2차 세계대전 당시 영국, 프랑스, 미국, 소련, 중국, 호주 등 수많은 열강들은 연합국을 이루어 추축국과 맞서 싸웠어요. 그리고 연합국의 승리로 전쟁은 끝이 났지요. 연합국은 어떤 목적으로 전쟁에 참여한 것일까요?

알파와 함께 한 '역사' 이야기는 여기서 마무리됩니다. 다음 장에서는 지금까지 배운 것들을 다시 정리해 볼게요.

역사 편 총정리

지적 대화를 위한 넓고 얕은 지식 여행을 함께 해 온 친구들! 우리는 드디어 첫 번째 여행지인 '역사'를 모두 탐험했어요. 1, 2, 3권을 통해 배운 세계 역사의 흐름을 함께 훑어볼까요?

여행을 떠나기에 앞서 우리는 역사를 **다섯 단계**로 구분했어요.

원시 공산사회 / 고대 노예제 사회 / 중세 봉건제 사회 / 근대 자본주의 / 현대

그리고 이 다섯 단계를 다시 둘로 나누어 살펴보았지요.

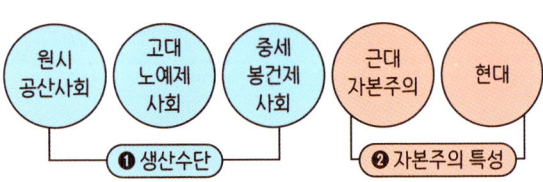

첫 번째 단계(원시~근대)에서 중요한 개념은 '생산수단'이었어요.

원시 사회의 인류는 평등했지만 생산수단이 생기면서 계급이 생겨난 것, 기억하지요?

고대	중세	근대
생산수단: 토지, 영토	생산수단: 장원	생산수단: 공장과 자본
소유자: 왕	소유자: 왕	소유자: 부르주아

한편, 두번째 단계(근대~현대)의 역사에서 집중해서 살펴볼 것은 '자본주의의 특성'이었어요.

공급 과잉을 해결하기 위해서는 수요를 늘려야 했어요.
수요를 늘리는 방법은 두 가지로 정리할 수 있지요.

❶ 시장을 개척하기
❷ 상품의 가격을 내리기

시장을 개척하기 위해 세계는 식민지 경쟁에 뛰어든 시기를 '제국주의 시대'라고 해요.
독일이 뒤늦게 식민지 경쟁에 뛰어들면서 '제1차 세계대전'이 발생했지요.

제국주의 시대 (19c말~20c초) ➡ 제1차 세계대전 (1914~1918)

전쟁 이후 다시 공급 과잉 문제가 발생했어요. 이 문제가 폭발한 사건이 '경제대공황'이지요.
많은 나라들이 대공황을 해결하기 위해 노력했어요.

미국 : 뉴딜 정책 ▶ 자본주의 수정
러시아 : 공산주의 혁명 ▶ 자본주의 폐기
독일 : 전쟁 준비 ▶ 제2차 세계대전

두 번째 큰 전쟁 이후 세계는 자본주의와 공산주의라는
두 개의 체제로 나뉘었어요. 이 기간을 냉전 시대라고
하지요.

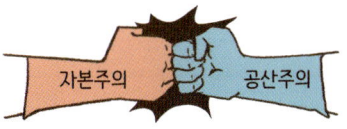

소련이 해체되면서 냉전은 종식되었고, 그 이후에는
자본주의가 독주하는 '신자유주의' 시대가 펼쳐졌고
지금에 이르게 되었답니다.

냉전 시대 (1945~1991) ➡ 신자유주의 (1991~오늘)

자, 이렇게 여행을 마무리해 보았어요. 역사를
움직인 두 가지 핵심 개념은 '생산수단'과
'공급 과잉'이랍니다. 그런데 둘 다 경제적
개념이라는 것, 눈치 채셨나요? 경제는 이처럼
역사, 사회, 정치, 문화를 움직이는 중심이랍니다.

'경제'에 대해 더 알고싶다고요?

그럼 다음 여행지도 기대해 주세요!

4권부터는 경제에 대해 알아볼 테니까요.

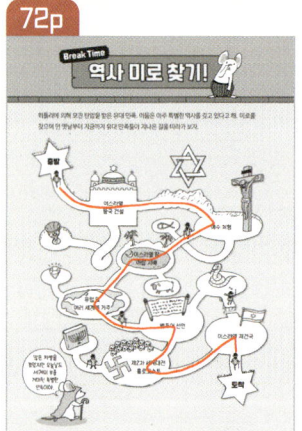

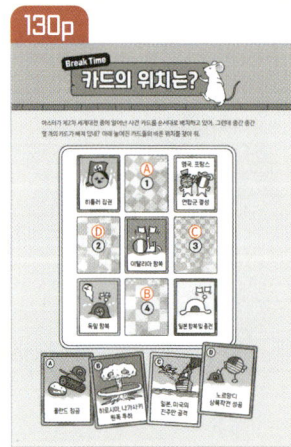

21세기의 서울!
지식카페에서 벌어질
경제 여행도
기대해 주세요!